主 编
王克瑞

编 委（按姓氏笔画排列）
王宴青　王 锋　邬纯芳　李宗达　陈 红　陆 洋　赵 飞　梁刚建　郭海霞

青少年语言表演艺术

播音主持系列4—6级

全国青少年语言表演艺术测评中心 编

中国传媒大学出版社
·北京·

前 言

　　语言艺术，非一日之功，绝非高强度冲刺便能速成的。当下的家长圈里流行一种论调："孩子学习成绩不好，就走艺术专业吧。"在这种被逼上梁山的无奈之下学习语言艺术，多少带有一些沉重的功利色彩。

　　蔡元培先生提出的"美育"的力量呢？先生说："我们提倡美育，便是使人类能在音乐、雕刻、图画、文学里又找见他们遗失的情感。我们每每在听了一支歌，看了一张画、一件雕刻，或者读了一首诗、一篇文章以后，常会有一种说不出的感觉；四周的空气会变得更温柔，眼前的对象会变得更甜蜜，似乎觉到自己在这个世界上有一种伟大的使命。这种使命不仅仅是要使人人有饭吃，有衣裳穿，有房子住，它同时还要使人人能在保持生存以外，还能去享受人生。知道了享受人生的乐趣，同时更知道了人生的可爱，人与人的感情便不期然而然地更加浓厚起来。"先生的话，至今让我们感同身受，语言艺术是最好的审美，应该像先生所说，敦重乐教，发挥美育的力量。

　　语言艺术，口耳之学，离不开长期熏陶，且一定要坚持中外文化经典的熏陶。我们看到一些语言训练教材内容过于低龄化、养分少，低估了这些"小大人"，止于游戏之乐，人文营养不良，语言艺术空心化、同质化，导致这些"小大人"无论朗诵还是主持，都学着大人的腔调，没有了独特感受，没有了孩子味儿。我们希望做到的是：从5岁到14岁，在"童蒙养正，少年立志"的最佳成长阶段，让语言艺术感化他们，使他们练就童子功、打好底子。

古文是中文的根基，尤其是古文经典，布局严谨、行文简洁、气韵生动、文采斐然、思想隽永。比如，《道德经》作为"内圣外王"之学，被誉为"万经之王"，深刻影响着中国的哲学、科学、政治、宗教，是除了《圣经》之外，被译成外国文字发行量最大的世界文化名著。《逍遥游》语言节奏明快、便读易记、气势磅礴、铿锵有力、想象丰富、意境开阔，对其声音、句式、辞格等进行语言研究的人络绎不绝。在这套丛书里，我们要求孩子们朗读这些古文经典，而不强求背诵，将其穿插在表演、游戏、动画配音等环节里，较为轻松。我们相信，读书百遍，其义自见，让这些古文经典印刻在孩子们的童年里，它们总有一天会萌芽、成长。我们从中外传统经典名篇中精挑细选一小段，作为引子，希望孩子们下课之后主动去寻找这些书籍，希望听到他们翻阅经典、朗读经典的声音。我们相信，孩子从小受到经典文化浸染，立身为人，必然出口不凡。

语言艺术从来就不是孤立的，它因为新闻属性而有了新闻播报与评论、现场报道等不同表达形式；它因为文化属性而有了朗诵、表演、演讲、主持等不同表现形态。字正腔圆、口齿清晰、嘴皮利索是基本功，这很重要，因此在本套教材前两册里，这项基本功训练占了三分之一的课时。到中高级进阶阶段，更多的篇幅放在了语言功力的培养上。正如张颂先生所言，语言功力是语言的功底和能力,应该包括观察力、理解力、感受力、思辨力、表现力、回馈力、调检力、鉴赏力这八大功力。

本套教材设计了动物模仿、音乐感受、无实物表演、油画描述解读、新闻现场观察等环节,采用朗诵、表演、配音、演讲、播报、评论等多种形式,让学生去理解、思辨、鉴赏与表达。引导学生聆听经典朗诵、影视配音、鉴赏油画和海报等,力求做到鉴赏与表达互补。在新闻现场,让学生自己去观察、分析,确定选题目标,自拍新闻照片,开展现场报道。教材还采用当下最流行的PBL项目式学习(Project-based Learning),在关注"共享单车""低头族""中国式过马路"等现象的学习中,学生会更加清晰地面对真实社会的实际问题去独立思考:为什么我要关注这个问题?哪些是需要重点关注的对象?这不仅仅是与真实世界建立联系,更重要的是提出真实的问题,而这些真实的问题往往没有标准答案。教师将带领学生自制节目,开分享会,邀请学生、家长和专业人士作为第一观众一起思考、提出建议。观众惊讶的表情是最让人心潮澎湃的,这让学生自然而然地重视分享。在愉快分享的同时,培养学生听取反馈、学会反思的好习惯。我们认为,语言理性与感性的审美培育,才是语言艺术教育的真正出路。

我们坚持从娃娃抓起,力求教材内容专业而有趣。教师与家长、学生积极互动,让学生以踮起脚尖够一树苹果的姿态,愉快参与播音主持考级和朗诵表演考级。依托专业思路,每一阶段设定不同的目标,我们希望告诉每一位家长,考级不是最终目的。从娃娃抓起,却不让孩子继续做自己,不是我们的目的。我们的目的是:引导孩子分享思想、表达感受,让他们在清澈的眼睛里映照出这个世界最初的样子，在幼小的心灵里播种未来人生的第一个梦想。

我们寻找每一位"手持戒尺、眼中有光"的老师。每一个孩子都是可爱的，有鲜活的思想、天使般的心境，有超越现实的想象力和创造力，只有在生命美丽的时候，世界才是美丽的。每一个孩子的语言原本就是干净、美好的，犹如一件宝物放在你眼前，有的人看中的是经济价值，无法摆脱对材质、名款等世俗标准的盲从，而真正的师者，会以审美的眼光，手执戒尺，让宝贝绽放艺术之光辉。

工作之余还能有闲暇去做人，有闲暇去做人的工作，便是幸福。我们编著的教材就是这样，不拘一格，宽严相济，期盼孩子们通过这些有趣的训练项目，也有闲暇去发挥他们的智慧与才能。用如此心态审视，他们将会发现语言艺术世界充满美好、光明。在我们看来，这便是童子功的培养。

中央电视台资深导演 邬纯芳

2017年12月

扫一扫，
获取在线数字资源

第四级

第四级训练目的 / 002

第一课 / 003

一、音乐语境——欢乐 / 003

　　扬鞭催马运粮忙 / 003

二、语音训练 / 004

　　词汇练习 / 004

　　朗读练习：论语 / 005

三、语感表达训练——触觉感受 / 007

　　迷人的海 / 007

　　春 / 007

第二课 / 009

一、音乐语境——激昂 / 009

　　红旗颂 / 009

二、语音训练 / 010

　　词汇练习 / 010

　　朗读练习：论语 / 011

三、语感表达训练——触觉感受 / 013

　　假如给我三天光明 / 013

　　春天来了 / 013

第三课 / 015

一、音乐语境——诙谐 / 015

　　四小天鹅舞曲 / 015

二、语音训练 / 016

　　词汇练习 / 016

　　朗读练习：论语 / 017

三、语感表达训练——空间感受 / 018

　　荷塘月色 / 018

　　故宫博物院 / 018

　　乡下人家 / 019

第四课 / 020

一、音乐语境——含蓄 / 020

　　琵琶语 / 020

二、语音训练 / 021

　　词汇练习 / 021

　　朗读练习：论语 / 022

三、语感表达训练——空间感受 / 023

　　花园 / 023

　　三味书屋 / 023

　　不朽的伟人 / 024

第五课 / 025

一、音乐语境——悲怆 / 025

　　江河水 / 025

二、语音训练 / 026

　　词汇练习 / 026

　　朗读练习：论语 / 027

三、语感表达训练——色彩感受 / 028

　　乡下人家 / 028

　　夏感 / 029

　　秋天的图画 / 029

第六课 / 030

一、音乐语境——忧伤 / 030

　　宁月 / 030

二、语音训练 / 031

　　词汇练习 / 031

　　朗读练习：论语 / 032

三、语感表达训练——色彩感受 / 033

　　春雨的色彩 / 033

　　广玉兰 / 034

　　白鹭 / 034

第七课 / 036

一、音乐语境——孤独 / 036

　　Old Memory / 036

二、语音训练 / 037

　　词汇练习 / 037

　　朗读练习：论语 / 038

三、语感表达训练——味觉感受 / 039

　　碧螺春 / 039

　　桂花树 / 040

　　简·爱 / 040

第八课 / 041

一、音乐语境——悬疑、神秘 / 041

　　The X-Files Theme / 041

二、语音训练 / 042

　　词汇练习 / 042

　　朗读练习：论语 / 043

三、语感表达训练——味觉感受 / 045

　　荷塘月色 / 045

　　故乡 / 045

　　倪焕之 / 046

第九课 / 047

一、音乐语境——紧张 / 047

　　十面埋伏 / 047

二、语音训练 / 048

　　词汇练习 / 048

　　朗读练习：论语 / 049

三、语感表达训练——时间感受 / 050

　　耳根的清静 / 050

　　大自然的语言 / 050

　　繁星 / 051

第十课 / 052

一、音乐语境——辽阔 / 052

　　Intro / 052

二、语音训练 / 053

　　词汇练习 / 053

　　朗读练习：论语 / 054

三、语感表达训练——时间感受 / 055

　　匆匆 / 055

　　和时间赛跑 / 056

　　长歌行 / 056

第十一课 / 057

一、音乐语境——愤懑 / 057

　　临安遗恨 / 057

二、语音训练 / 058

　　儿化韵练习 / 058

　　朗读练习：论语 / 060

三、语感表达训练——综合感受 / 060

　　钢铁是怎样炼成的 / 060

　　风雨 / 061

第十二课 / 063

一、音乐语境——综合情绪 / 063

　　梁祝 / 063

二、语音训练 / 064

　　儿化韵练习 / 064

　　朗读练习：论语 / 066

三、语感表达训练——综合感受 / 067

　　美丽的小兴安岭 / 067

第五级

第五级训练目的 / 070

第一课 / 071

一、语言感受——喜悦的情绪 / 071

　　放假了 / 071

二、语音训练 / 073

　　词汇练习 / 073

　　朗读练习：论语 / 074

三、语气+节奏综合训练 / 075

　　《疯狂动物城》片段 / 075

第二课 / 077

一、语言感受——烦恼的情绪 / 077

　　小小少年 / 077

二、语音训练 / 078

　　词汇练习 / 079

　　朗读练习：论语 / 079

三、语气+节奏综合训练 / 080

　　《逗鸟外传：萌宝满天飞》片段 / 080

第三课 / 083

一、语言感受——愤怒的情绪 / 083

　　松花江上 / 083

二、语音训练 / 084

　　词汇练习 / 084

　　朗读练习：论语 / 085

三、语气+节奏综合训练 / 086

　　《哪吒传奇》片段 / 086

第四课 / 088

一、语言感受——爱的情绪 / 088

　　少年英雄小哪吒 / 088

二、语音训练 / 089

　　词汇练习 / 089

　　朗读练习：论语 / 090

三、语气+节奏综合训练 / 091

　　《疯狂动物城》片段 / 091

第五课 / 093

一、语言感受——悲伤的情绪 / 093

　　歌唱二小放牛郎 / 093

二、语音训练 / 094
　　轻声练习 / 094
　　朗读练习：论语 / 096
三、语气＋节奏综合训练 / 097
　　《宝莲灯》片段 / 097

第六课 / 099
一、语言感受——哀伤的情绪 / 099
　　鲁冰花 / 099
二、语音训练 / 100
　　轻声练习 / 101
　　朗读练习：论语 / 102
三、语气＋节奏综合训练 / 103
　　《西游记之大圣归来》片段 / 103

第七课 / 106
一、语言感受 / 106
　　黑大嫂 / 106
二、语音训练 / 107
　　轻声练习 / 107
　　朗读练习：论语 / 108
三、语气＋节奏综合训练 / 109
　　《爱宠大机密》片段 / 109

第八课 / 112
一、语言感受 / 112
　　油灯碗 / 112
二、语音训练 / 113
　　轻声练习 / 113
　　朗读练习：论语 / 114
三、语气＋节奏综合训练 / 115
　　《玩具总动员1》片段 / 115

第九课 / 118
一、语言感受 / 118
　　小放牛 / 118
二、语音训练 / 119
　　轻重音训练 / 119
　　朗读练习：论语 / 120
三、语气＋节奏综合训练 / 121
　　《大闹天宫》片段 / 121

第十课 / 123
一、语言感受 / 123
　　两头忙 / 123
二、语音训练 / 124
　　轻重音练习 / 124
　　朗读练习：论语 / 125
三、语气＋节奏综合训练 / 126
　　《爱宠大机密》片段 / 126

第十一课 / 129
一、语言感受 / 129
　　西游记 / 129
二、语音训练 / 130
　　轻重音练习 / 130
　　朗读练习：论语 / 131
三、语气＋节奏综合训练 / 132
　　《花木兰》片段 / 132

第十二课 / 135
一、语言感受 / 135
　　吹牛皮 / 135
二、语音训练 / 137
　　小桥流水人家 / 137

松鼠 / 137

朗读练习：论语 / 138

三、语气 + 节奏综合训练 / 139

《哆啦 A 梦伴我同行》片段 / 139

第六级

第六级训练目的 / 142

第一课 / 143

一、即兴口语 / 143

介绍一本书——《三国演义》/ 143

二、语音训练 / 144

变调练习 / 145

朗读练习：论语 / 146

三、情声气结合训练 / 147

西游记 / 147

第二课 / 149

一、即兴口语 / 149

介绍一本书——周国平的《妞妞》/ 149

二、语音训练 / 150

变调练习 / 150

朗读练习：论语 / 151

三、情声气结合训练 / 152

草房子 / 152

第三课 / 154

一、即兴口语 / 154

介绍一本书——海明威的《老人与海》/ 154

二、语音训练 / 155

变调练习 / 155

朗读练习：论语 / 156

三、情声气结合训练 / 157

老人与海 / 157

第四课 / 160

一、即兴口语 / 160

介绍一本书——吴敬梓的《儒林外史》/ 160

二、语音训练 / 161

变调练习 / 161

朗读练习：论语 / 162

三、情声气结合训练 / 163

我的儿子皮卡 / 163

第五课 / 166

一、即兴口语 / 166

介绍一部电影——《放牛班的春天》/ 166

二、语音训练 / 167

口部操 / 167

朗读练习：论语 / 168

三、情声气结合训练 / 169

纳尼亚传奇 6：银椅 / 169

第六课 / 171

一、即兴口语 / 171

介绍一部电影——《长征》/ 171

二、语音训练 / 172

唇部操 / 172

朗读练习：论语 / 173

三、情声气结合训练 / 174

大狗喀啦克拉的公寓 / 174

第七课 / 177

一、即兴口语 / 178

介绍一部电影——《当幸福来敲门》/ 177

二、语音训练 / 178

舌部操（一）/ 178

朗读练习：论语 / 179

三、情声气结合训练 / 180

《阳光小美女》片段 / 180

第八课 / 183

一、即兴口语 / 183

介绍一部电影——《大圣归来》/ 183

二、语音训练 / 184

舌部操（二）/ 184

朗读练习：论语 / 185

三、情声气结合训练 / 186

《虎口脱险》片段 / 186

第九课 / 188

一、即兴口语 / 188

介绍一首歌曲——《茉莉花》/ 188

二、语音训练 / 189

胸腹联合呼吸基本状态训练
——慢吸慢呼训练 / 189

朗读练习：论语 / 190

三、情声气结合训练 / 191

《哈利·波特与魔法石》片段 / 191

第十课 / 194

一、即兴口语 / 194

介绍一首歌曲——《阳光总在风雨后》/ 194

二、语音训练 / 195

扩展胸腹联合呼吸基本状态训练 / 195

朗读练习：论语 / 196

三、情声气结合训练 / 197

《博物馆奇妙夜3》片段 / 197

第十一课 / 200

一、即兴口语 / 200

介绍一首歌曲——《送别》/ 200

二、语音训练 / 200

强控制练习 / 200

朗读练习：论语 / 203

三、情声气结合训练 / 203

《天生一对》片段 / 203

第十二课 / 206

一、即兴口语 / 206

介绍一首歌曲——《一个像夏天一个像秋天》/ 206

二、语音训练 / 207

弱控制练习 / 207

朗读练习：论语 / 209

三、情声气结合训练 / 210

《宝葫芦的秘密》片段 / 210

测评内容与要求 / 213

后记 / 215

第四级训练目的

● 音乐语境训练目的

让学生认识和了解欢乐、激昂、诙谐、含蓄、悲怆、忧伤、孤独、神秘、紧张、辽阔、愤懑等音乐风格，通过聆听音乐，让学生感受、体验音乐中蕴含的不同情绪。

● 语音训练目的

认识复韵母及儿化音。

● 语感表达训练目的

通过教学使学生能够对播音创作中的触觉感受、空间感受有一定了解，并且掌握触觉感受、空间感受在有声语言表达过程当中的运用，积极主动地激发自己的内心感受。

第一课

一、音乐语境——欢乐

训练内容

教师播放民乐《扬鞭催马运粮忙》，学生放松身体，伴随音乐旋律表现相应的节奏。

《扬鞭催马运粮忙》是魏显忠创作于1969年10月的一首笛子独奏曲。该曲根据东北民间音乐风格创作，乐曲热情明快，以生动朴实的音乐语言，描写了丰收以后的农民驾着满载粮食的大车，喜气洋洋地向国家交售公粮的情景。

训练提示

学生如何听音乐？（哼唱、闭眼）听完音乐，希望学生在脑海中构建画面，想象农民伯伯丰收以后驾着满载粮食的大车，喜气洋洋地向国家交售公粮的情景，学生跟随音乐表现热情明快的节奏。

二、语音训练

训练内容

er发音要领：

口腔自然打开，舌位不前不后、不高不低，舌前部上抬，舌尖向后卷，卷向硬腭，但不接触。发音时，声带颤动，软腭上升抬起，关闭鼻腔通路。

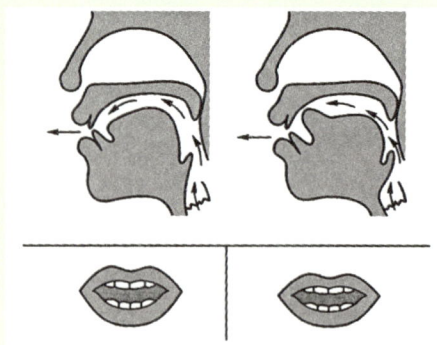

词汇练习

而今　而且　儿女　儿戏　儿化　儿歌　耳朵　耳环
耳目　洱海　尔后　二胡　二黄　二心　耳目一新
耳濡目染　尔虞我诈　接二连三　出尔反尔　取而代之

训练提示

er音节下的汉字实际读音应分为两类：①数词"二"的读音为[ar]；②其余汉字读音均为[er]。

朗读练习

zǐ yuē　　xué ér shí xí zhī　　bù yì yuè hū　　yǒu péng zì yuǎn fāng
子曰："学而时习之，不亦说乎。有朋自远方
lái　　bù yì lè hū　　rén bù zhī ér bù yùn　　bù yì jūn zǐ hū
来，不亦乐乎。人不知而不愠，不亦君子乎。"

【注释】子：《论语》中"子曰"的"子"都是孔子的学生对孔子的敬称。　时：时时，经常。　习：演习，复习。　说：同"悦"，高兴。　愠：恼怒，怨恨。

【大意】孔子说："学了，又经常复习它，不也是高兴的吗？有朋友从远方来，不也是快乐的吗？人家不了解我，我也不怨恨，不也是君子吗？"

yǒu zǐ yuē　　qí wéi rén yě xiào tì　　ér hào fàn shàng zhě　　xiǎn
有子曰："其为人也孝弟，而好犯上者，鲜
yǐ　　bù hào fàn shàng　　ér hào zuò luàn zhě　　wèi zhī yǒu yě　　jūn zǐ wù běn
矣；不好犯上，而好作乱者，未之有也。君子务本，
běn lì ér dào shēng　　xiào tì yě zhě　　qí wéi rén zhī běn yú
本立而道生；孝弟也者，其为仁之本欤。"

【注释】有子：孔子的学生，姓有，名若。　弟：同"悌（tì）"，弟弟尊敬、善事兄长称为"悌"。　好：喜欢。　犯：冒犯，抵触，违反。　鲜：少。　未之有："未有之"的倒装

第四级　第一课

形式。古代语法中代词作宾语时，宾语放在动词前。　与：同"欤"，表示疑问的助词。《论语》中的"欤"都写作"与"。

【大意】有子说："他的为人，孝顺爹娘、敬爱兄长，却喜欢冒犯上级，这种人是很少的；不喜欢冒犯上级，却爱造反，这种人是从来没有的。君子致力于根本的事情，有了基础，'道'就产生了。孝顺爹娘、敬爱兄长，这就是'仁道'的基础吧。"

　　　　　zēng zǐ yuē　　　　　wú rì sān xǐng wú shēn　　wèi rén móu ér bù zhōng
　　曾　子　曰："吾　日　三　省　吾　身：为　人　谋　而　不　忠
hū　　yǔ péng you jiāo ér bù xìn hū　　chuán bù xí hū
乎？与　朋　友　交　而　不　信　乎？传　不　习　乎？"

【注释】曾子：孔子的学生。姓曾，名参（shēn），字子舆。他的弟子也称曾参为"子"。　三：约数，表示多次。　省：反省。　信：诚实。　传：动词用作名词，老师传授的知识。　习：温习，实习。

【大意】曾子说："我每天多次自己反省：为别人办事是不是尽心了呢？与朋友交往是不是诚实呢？老师传授给我的知识是不是复习了呢？"

三、语感表达训练——触觉感受

训练内容

当温热的肉体一接触冰冷的水时,它的感觉并不是冷,恰恰相反,倒像被火燎一下或是感到一把烧热的刀子在全身狠狠一刮。这个感觉倏地一过,那种透骨的凉意才唰地一下浸过来,紧接着像有千万支冰针穿皮肉而进,在骨头上啃着、锯着、钻着。

(节选自邓刚《迷人的海》)

"吹面不寒杨柳风",不错的,像母亲的手抚摸着你,风里带着些新翻的泥土的气息,混着青草味儿,还有各种花的香,都在微微润湿的空气里酝酿。

(节选自朱自清的《春》)

第四级 第一课

她松松的皱缬着,像少妇拖着的裙幅;她轻轻的摆弄着,像跳动的初恋的处女的心;她滑滑的明亮着,像涂了"明油"一般,有鸡蛋清那样软,那样嫩,令人想着所曾触过的最嫩的皮肤;她又不杂些儿尘滓,宛然一块温润的碧玉,只清清的一色——但你却看不透她!

(节选自朱自清的《绿》)

训练提示

上述材料中,比如"温热的肉体一接触冰冷的水""像母亲的手抚摸着你""那样软,那样嫩",能产生较为具体的心理感受,尤其是触觉感受,注意用虚实结合的声音传达出来。

第二课

一、音乐语境——激昂

训练内容

教师播放民乐《红旗颂》，学生放松身体伴随音乐旋律表现相应的节奏。

《红旗颂》由中国作曲家吕其明创作，该作品诞生于1965年。《红旗颂》以红旗为主题，描绘了1949年10月1日中华人民共和国成立时第一面五星红旗升起的情景。同样，它以宏伟庄严的歌唱性的旋律，表现了中国人民在红旗的指引下，英勇顽强、奋发向上的革命气概。

训练提示

学生如何听音乐？（哼唱、闭眼）听完音乐，希望学生置身情景中，想象中华人民共和国成立时第一面五星红旗升起的画面，认真感受宏伟庄严的旋律。

二、语音训练

教学内容

an发音要领：

从前a开始，发出a后，舌尖直接向上齿龈运动，舌前部与上齿龈部闭合，封闭口腔通路，同时软腭和小舌下降，打开鼻腔通路，气流从鼻腔通过。口形由开到合。

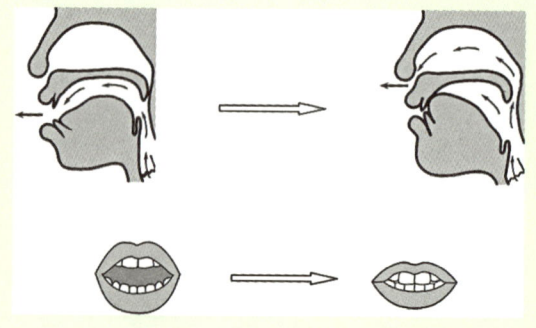

词汇练习

汗衫　展览　散漫　漫谈　淡蓝　感染　反叛　难堪
扳手　女篮　反问　担心　看家　战斗　闪闪发光
昙花一现　攀龙附凤　按兵不动　半信半疑　三言两语

朗读练习

子曰:"道千乘之国,敬事而信,节用而爱人,使民以时。"

【注释】道:同"导",治理。 千乘之国:就是拥有一千辆兵车的诸侯国。孔子时代千乘之国已经算不上大国了。乘,四匹马拉的车称一乘,车辆数目能表现国家的强弱。 敬事:认真对待国家大事。 人:广义指所有人,狭义指士大夫以上阶层的人。这里是狭义的用法,与下面的"民"呼应。

【大意】孔子说:"治理有一千辆兵车的国家,要认真地办理国家事务,严守信用,节约费用,爱护官吏,役使人民要按照农时忙闲。"

子曰:"弟子入则孝,出则弟,谨而信,泛爱众,而亲仁;行有余力,则以学文。"

【注释】弟子:一种意思是年纪幼小的人,另一种意思是学生。这里是第一种意思。 弟:同"悌",敬重兄长。 谨:谨慎寡言。 仁:有仁德的人。

【大意】孔子说:"年轻人在家要孝顺父母,离开自己家便敬重兄长,谨慎寡言,说话诚实守信,博爱大众,亲近有仁德的人。

这样做了还有余力的话，就再去学习文献。"

子夏曰："贤贤易色，事父母能竭其力，事君能致其身，与朋友交，言而有信。虽曰未学，吾必谓之学矣。"

【注释】 子夏：孔子的学生，姓卜（bǔ），名商。　易：交换、改变，也有轻视、简慢的意思。　致：奉献。

【大意】 子夏说："对妻子重品德不重容貌，侍奉父母能尽心竭力，服侍君上能奉献生命，同朋友交往能讲信用。这样的人，虽说没有学习过，我一定要说他已经学习过了。"

三、语感表达训练——触觉感受

训练内容

大自然就这样向我展现千奇百怪的事物。偶尔，如果幸运的话，我把手轻轻地放在一棵小树上，就能感到小鸟放声歌唱时的欢蹦乱跳。我喜欢让清凉的泉水从张开的指间流过。对于我来说，芬芳的松叶地毯或轻软的草地要比最豪华的波斯地毯更受欢迎；四季的变换，就像一幕幕令人激动的、无休无止的戏剧，它们的行动通过我的指间流过。

（节选自海伦·凯勒《假如给我三天光明》）

更令我们高兴的是，一会儿，纷纷扬扬的雪下起来了，伸手接住一朵飘下的雪花，冰冰凉凉的。看着美丽的雪花在掌心里融化，心仿佛也要融化了。好奇的米克张大了嘴，接住飘然而至的片片雪花，感觉太好了！

冬天过去了，微风悄悄地送来了春天。地里的泥土化冻了，变松了，踩上去软绵绵的，像踩着厚厚的地毯。麦苗醒来了，舒展着嫩绿的叶子。小河里，连一片薄冰也找不到了。水慢慢地流着。微风吹来，水面泛起鱼鳞似的波纹，几只鸭子跳进水里，快活地游来游去。

（节选自苏教版一年级下册语文课本《春天来了》）

训练提示

上述材料中，比如"从我的指尖流过""伸手接住一朵飘下的雪花""踩上去软绵绵的"，能产生较为具体的触觉感受，注意用虚实结合的声音传达出来。

第 三 课

一、音乐语境——诙谐

训练内容

教师播放《四小天鹅舞曲》,学生放松身体,伴随音乐旋律表现相应的节奏。

《四小天鹅舞曲》是四幕舞剧《天鹅湖》第二幕中的舞曲,是该舞剧中最受人们欢迎的舞曲之一。这首舞曲音乐轻松活泼,节奏干净利落,形象地描绘出了小天鹅在湖畔嬉游的情景,质朴动人的旋律富有田园般的诗意。

训练提示

学生如何听音乐？（哼唱、闭眼）听完音乐，学生可以想象小天鹅在湖畔嬉游的诙谐有趣的情景，认真感受音乐中质朴动人的情感和田园般的诗意。

二、语音训练

教学内容

en发音要领：

从e开始，舌尖直接向上齿龈运动，舌前部与上齿龈部闭合，封闭口腔通路，同时软腭和小舌下降，打开鼻腔通路，气流从鼻腔通过。口形略有开合变化。

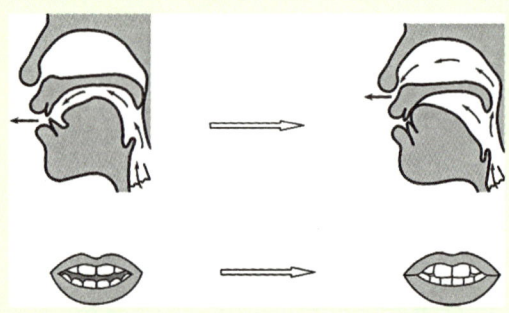

词汇练习

本分　本人　沉闷　分身　粉尘　愤恨　根本　门诊
人身　人参　认真　深沉　神人　审慎　真人　珍本
振奋　深圳　分门别类　耐人寻味　身临其境
奋不顾身　心力交瘁

朗读练习

子曰："君子不重则不威，学则不固；主忠信，无友不如己者，过则勿惮改。"

【注释】君子：这里指的是士大夫、国君等上层人物。 固：巩固。 无友不如己者：不要跟不如自己的人交朋友。对于这一句的解释，古人多有不同。无，同"毋"，不要。 惮：害怕。

【大意】孔子说："君子如果不庄重就没有威严，学习的知识也不巩固。要以忠、信两种道德为主。不要同不如自己的人交朋友。如果有了过错，就别怕改正。"

曾子曰："慎终追远，民德归厚矣。"

【注释】终：父母的死亡。 追远：追念祖先。

【大意】曾子说："谨慎地对待父母的死亡，追念祖先，百姓的德行就会归于纯厚了。"

子禽问于子贡曰："夫子至于是邦也，必闻其政；求之欤，抑与之欤？"子贡曰："夫子温良恭俭让以得之；夫子之求之也，其诸异乎人之求之欤。"

【注释】子禽：姓陈，名亢，字子禽。有观点认为他是孔子的学生。 子贡：孔子的学生。姓端木，名赐，字子贡。 抑：表示选择的连词，"还是"。 与之：给他。 其诸：表示不大肯定的语气，或者、大概的意思。

【大意】子禽向子贡问道："老师到了一个诸侯国，必然会了解那国的政事，是他自己求来的呢，还是别人主动告诉他的呢？"子贡说："老师是靠温和、善良、恭敬、俭朴、谦逊得到的。老师获得的方法和别人获得的方法不同吧！"

三、语感表达训练——空间感受

训练内容

荷塘的四面，远远近近，高高低低都是树，而杨柳最多。这些树将一片荷塘重重围住；只在小路一旁，漏着几段空隙，像是特为月光留下的。树色一例是阴阴的，乍看像一团烟雾；但杨柳的风姿，便在烟雾里也辨得出。树梢上隐隐约约的是一带远山，只有些大意罢了。树缝里也漏着一两点路灯光，没精打采的，是渴睡人的眼。这时候最热闹的，要数树上的蝉声和水里的蛙声；但热闹是他们的，我什么也没有。

（节选自朱自清《荷塘月色》）

从天安门往里走，沿着一条笔直的大道穿过端门，就到午门的前面。午门俗称五凤楼，是紫禁城的正门。走进午门，是一个宽广的庭院，弯弯的金水河像一条玉带横贯东西，河上是五座精美的汉白玉石桥。桥的北面是太和门，一对威武的铜狮守卫在门的两侧。

（节选自黄传惕《故宫博物院》）

鸡，乡下人家照例总要养几只的。从他们的房前屋后走过，肯定会瞧见一只母鸡，率领一群小鸡，在竹林中觅食；或是瞧见耸着尾巴的雄鸡，在场地上大踏步地走来走去。

他们的屋后倘若有一条小河，那么在石桥旁边，在绿树阴下，会见到一群鸭子，游戏水中，不时地把头扎到水下去觅食。即使附近的石头上有妇女在捣衣，它们也从不吃惊。

（节选自陈醉云《乡下人家》）

训练提示

我们可以从上述材料中一些具体的空间变换中，用声音的高低虚实变化表现空间感受。

一、音乐语境——含蓄

训练内容

教师播放琵琶曲《琵琶语》，学生放松身体，伴随音乐旋律表现相应的节奏。

《琵琶语》是著名琵琶曲，由中国作曲家林海谱曲。某年林海和朋友相约至江南，流连其间而忘返。在水乡茶馆中听评弹时，他被琵琶的音色打动，开始有了创作琵琶曲的冲动。平时我们听到的琵琶曲，以表现"武"为主，如《十面埋伏》，而林海想表现的，是一种能打动人的"文曲"，于是有了专辑《琵琶相》，其中最精彩的一首就是《琵琶语》。

学生如何听音乐?（哼唱、闭眼）听完音乐，学生可以想象一个白衣的江南女子在演奏琵琶的场景，"低眉信手续续弹，说尽心中无限事"，认真感受琵琶音乐中的凄婉含蓄之情。

二、语音训练

训练内容

in发音要领：

从i开始，发出i后，舌尖直接向上齿龈移动，舌前部与上齿龈部闭合，封闭口腔通路；同时软腭和小舌下降，打开鼻腔通路，气流从鼻腔通过。始终保持发i时的口形，口腔开合度几乎没有变化，舌位动程很小。

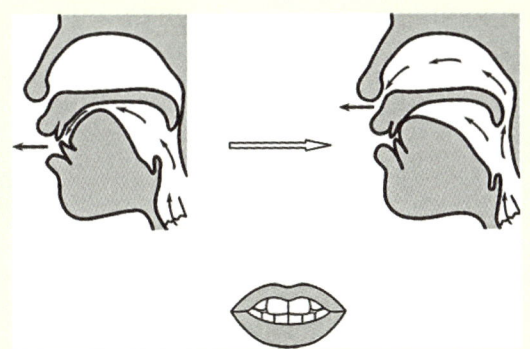

词汇练习

濒临	金印	斤斤	仅仅	近邻	近亲	尽心	临近
凛凛	民心	拼音	亲近	亲信	新近	薪金	心劲
心音	信心	辛勤	音频	音品	姻亲	殷勤	引进

朗读练习

> 有子曰:"礼之用,和为贵。先王之道,斯为美。小大由之,有所不行。知和而和,不以礼节之,亦不可行也。"

【注释】和:恰当,适合,恰到好处。 先王:周文王等古代贤王。 节:节制,约束。

【大意】有子说:"礼的应用,以遇事做得恰当为可贵。过去贤明君王治理国家的可贵之处就在这里,小事大事都做得恰当。如果有行不通的时候,只为恰当而求恰当,不用礼节规矩来节制,也是不可行的。"

> 有子曰:"信近于义,言可复也;恭近于礼,远耻辱也;因不失其亲,亦可宗也。"

【注释】近:符合,接近。 复:实践,实行。 远:用作动词,使……远离。 因:依靠,凭借。 宗:可靠,尊奉。

【大意】有子说:"约定要符合道义,说出来的话才能去实践、兑现。恭敬要符合礼节,这样就能避免受辱。依靠关系深厚的人,也就可靠了。"

> 子曰:"君子食无求饱,居无求安,敏于事而慎于言,就有道而正焉,可谓好学也已。"

【注释】君子:这里指的是有德行的人。 就:靠近,接近。正:动词,匡正,端正。

【大意】孔子说:"君子吃饭不追求饱足,居住不追求舒适安逸,做事勤快敏捷,说话谨慎小心,向有道德的人看齐,来匡正自己的错误,这样就可以说是好学了。"

三、语感表达训练——空间感受

训练内容

　　大雨忽然来了。一个青色的闪照在槐树上,我赶紧跑到柴草房里去。那是距我所在处最近的房屋。我爬上堆近屋顶的芦柴上,听水从高处流下来,响极了。訇——空心的老桑树倒了,葡萄架塌了,我的四近越来越黑了,雨点在我头上乱跳。忽然一转身,墙角两个碧绿的东西在发光!哦,那是我常看见的老猫。老猫又生了一群小猫。原来它每次生养都在这里。我看它们攒着吃奶,听着雨,雨慢慢小了。

(节选自汪曾祺《花园》)

　　书屋正中的墙上挂着一幅画,画着一棵古松,树底下卧着一只梅花鹿。画前面是先生的座位,一张八仙桌,一把高背椅子,桌子上照从前的样子,放着笔墨纸砚和一把戒尺。学生的书桌是从自己家里搬来的,分列在四面,鲁迅的那一张在东北角上。当年鲁迅就在那里读书、习字。有时还画画,把纸蒙在《西游记》一类的小说上描绣像。

(节选自鲁迅《三味书屋》)

我们随着人流,穿过宽敞的前大厅进入瞻仰厅。瞻仰厅正中是一个水晶棺,水晶棺里躺着伟大领袖毛主席。他身穿灰色上衣,头发灰白,闭着眼睛,身上覆盖着一面党旗。他神态那么安详,好像工作了一夜后,躺着小憩一会儿。水晶棺底下是用黑色花岗岩制作的底座,上面雕刻着党徽、国徽、军徽。这象征着毛主席缔造了我们党、国家、军队。水晶棺后面站着四位全身戎装的解放军战士。在南面汉白玉墙上镶着"伟大的领袖和导师毛泽东永垂不朽"几行金字。

(节选自毛洁《不朽的伟人》)

训练提示

我们可以从上述材料中一些具体的空间变换中,用声音的高低虚实变化表达出空间感受。

第五课

一、音乐语境——悲怆

训练内容

教师播放二胡曲《江河水》，学生放松身体，伴随音乐旋律表现相应的节奏。

《江河水》是双管独奏曲。由王石路、朱广庆、朱长庆和谷新善等人根据"辽南鼓乐"同名笙管曲牌整理加工改编而成。原型中速、旋律简朴，常用于民间风俗场合，情绪轻快。用"放慢加花"手法改编后，全曲激越、悲愤、有力，感染力极强，曾被用于音乐舞蹈史诗《东方红》第一场"苦难岁月"的配音。后经黄海怀改为二胡曲，另有一种凄怆哀怨的情绪，广为流传。

训练提示

学生如何听音乐？（哼唱、闭眼）听完音乐，学生可以再听一些二胡音乐，比如《二泉映月》《寒春风曲》等，进一步感受二胡声中的凄怆哀怨之情。

二、语音训练

训练内容

un（uen）发音要领：

这个韵母可以看作是u和en的拼合。先圆唇，u的发音轻短。唇形由圆到展。实际发音，音值接近uēn的音值。

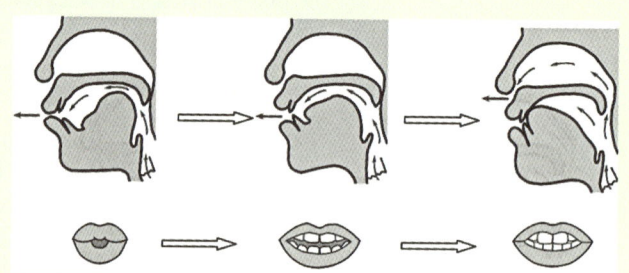

词汇练习

黄昏　滚滚　混沌　困顿　昆仑　温存　温顺　论文

馄饨　春笋　伦敦　顺利　村民　村庄　尺寸　棍子

湿润　闰年　顿开茅塞　浑然一体　文过饰非

滚瓜烂熟　寸草春晖　稳扎稳打

朗读练习

子曰:"为政以德,譬如北辰,居其所,而众星共之。"

【注释】北辰:北极星。 共:即"拱",环绕,环抱。

【大意】孔子说:"用道德来治理国家,自己就会像北极星一样,处于一定的位置,群星环绕着它。"

子曰:"诗三百,一言以蔽之,曰:思无邪。"

【注释】诗三百:《诗经》有305篇,人们常用"诗三百"这一整数的说法来指代《诗经》。 蔽:概括。

【大意】孔子说:"《诗经》三百篇,用一句话来概括它,就是思想纯正。"

子曰:"道之以政,齐之以刑,民免而无耻;道之以德,齐之以礼,有耻且格。"

【注释】道:同"导",引导。一说,治理。 齐:整治,统一,约束。 免:免罪,免于刑法,免祸。 无耻:做了坏事心里不知羞耻。 格:纠正。

【大意】孔子说:"用行政法令来治理,用刑法来处罚,人民虽然能避免犯罪,但并非认识到犯罪可耻;用道德教化来治理,用礼来约束，人民就会有羞耻心，并且会自觉改正错误。"

子游问孝，子曰："今之孝者，是谓能养。至于犬马，皆能有养；不敬，何以别乎。"

【注释】子游：孔子的学生，姓言名偃（yǎn），字子游，吴人，比孔子小45岁。

【大意】子游问孔子怎样做是孝，孔子说："现在所谓的孝，总说能养活爹娘就行了，但狗马都还能得到人的饲养呢。如果对父母不诚心诚意地敬重、孝顺，那和饲养狗马又有什么区别呢？"

三、语感表达训练——色彩感受

训练内容

有些人家，还在门前的场地上种几株花，芍（sháo）药，凤仙，鸡冠（guān）花，大丽菊，它们依着时令，顺序开放，朴素中带着几分华丽，显出一派独特的农家风光。还有些人家，在屋后种几十枝竹，绿的叶，青的竿，投下一片绿绿的浓阴。几场春雨过后，到那里走走，常常会看见许多鲜嫩的笋，成群地从土里探出头来。

（节选自陈醉云《乡下人家》）

夏天的色彩是金黄的。按绘画的观点，这大约有其中的道理。春之色为冷的绿，如碧波，如嫩竹，贮满希望之情；秋之色为热的赤，如夕阳，如红叶，标志着事物的终极。夏正当春华秋实之间，自然应了这中性的黄色——收获之已有而希望还未尽，正是一个承前启后，生命交替的旺季。

（节选自梁衡《夏感》）

秋天来啦，秋天来啦，山野就是美丽的图画。梨树挂起金黄的灯笼，苹果露出红红的脸颊，稻海翻起金色的波浪，高粱举起燃烧的火把。谁使秋天这样美丽？看，蓝天上的大雁作出了回答，它们排成一个大大的"人"字，好像在说——勤劳的人们画出秋天的图画。

（节选自佚名《秋天的图画》）

训练提示

上述几个段落是引发色彩感受的典型例子。学生在读这些段落时，如"金黄的梨树""红红的苹果""碧波""嫩竹"，在我们的脑海中浮现出各种不同的颜色，同时伴生着对色彩的感受。

第六课

一、音乐语境——忧伤

训练内容

教师播放二胡曲《宁月》，学生放松身体，伴随音乐旋律表现相应的节奏。

《宁月》是著名的二胡曲，演奏者为著名二胡演奏家贾鹏芳。该乐曲旋律委婉流畅，意境深邃，像是孤独凝望着暮霭中远去背影的人，口里道着珍重，又满是哀愁。乐声越来越轻最后静止。

训练提示

学生如何听音乐？（哼唱、闭眼）听完音乐，学生认真体味二胡曲《宁月》中所传达出的绵绵愁肠、委婉流畅。

二、语音训练

训练内容

ün发音要领：

从ü开始，发出ü后，舌尖直接向上齿龈移动，舌前部与上齿龈部闭合，封闭口腔通路；同时软腭和小舌下降，打开鼻腔通路，气流从鼻腔通过。唇形从圆唇逐渐展开。

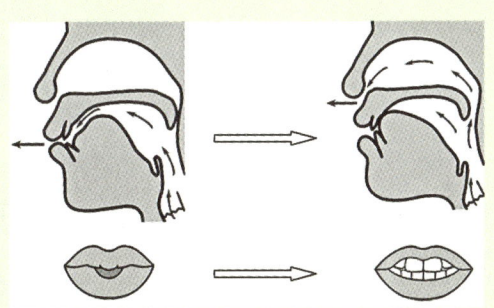

词汇练习

云端　风云　云天　训练　军训　云雀　熏陶　寻常
运动　军队　群体　功勋　迅速　运输　迅即
循序渐进　运用自如　群策群力　循循善诱
训练有素　人云亦云

朗读练习

子曰："吾，十有五，而志于学，三十而立，四十而不惑，五十而知天命，六十而耳顺，七十而从心所欲，不逾矩。"

【注释】十有五：十又五，指的是15岁。古人在整数和个位数字之间多用"有"字表示相加。 有：同"又"。 立：站立。天命：含有上天旨意、自然禀赋与天性、人生的道义和职责等意义。 矩：礼法，规矩。

【大意】孔子说："我十五岁时就开始立志于学问，三十岁时能自立于世，四十岁时遇事不会迷惑，五十岁时懂得了什么是天命，六十岁时能听得进各种不同的意见，到七十岁时就能随心所欲，任何想法都不越出规矩。"

子夏问孝，子曰："色难。有事，弟子服其劳，有酒食，先生馔，曾是以为孝乎？"

【注释】色：脸色。这里指和颜悦色，从心底敬重父母。 弟子：晚辈，这里指儿女。 先生：长辈，指父母。 馔：吃喝。 曾：副词，难道。 是：代词，即"此"，这个的意思。

【大意】子夏问怎么做是孝。孔子说："对父母和颜悦色是很难做到的。仅仅是有事情的时候，子女去为父母做；有酒饭了让父母吃喝，难道这就可以认为是孝吗？"

<pre>
mèng wǔ bó wèn xiào   zǐ yuē   fù mǔ wéi qí jí zhī yōu
孟 武 伯 问 孝 ，子 曰："父 母 唯 其 疾 之 忧 。"
</pre>

【注释】孟武伯：姓仲孙，名彘（zhì），"武"是谥号。其：指父母，该句可解释为担忧他们的疾病。一说，其，指儿女，父母担忧儿女的疾病；另一说，疾，指子女品行上的毛病，父母担心子女品行不好。

【大意】孟武伯向孔子请教孝道。孔子说："对于父母，尤其要担忧他们的疾病。"

三、语感表达训练——色彩感受

训练内容

春雨，像春姑娘纺出的线，轻轻地洒落在地上，沙沙沙，沙沙沙……

一群小鸟在屋檐下躲雨。它们在争论一个有趣的问题：春雨到底是什么颜色的？

小燕子说："春雨是绿色的。你们瞧，春雨下到草地上，草就绿了。"

小麻雀说："不对，不对！春雨是红色的。你们瞧，春雨洒在桃树上，桃花红了。"

小黄莺说："不对，不对，春雨是黄色的。你们瞧，春雨落在油菜地里，油菜花黄了。"

（节选自楼飞甫《春雨的色彩》）

五六月份是广玉兰花盛开的季节。在绿油油的叶丛中，花朵是那样的洁净、高雅。我无法用文字准确形容那花瓣的色彩，说它纯白吧，又似乎有一种淡淡的青绿色渗透出来；我也无法用文字准确形容那花瓣的质感，说它玉琢冰雕吧，它又显得那样柔韧而有弹性。总之，只凭几个优美的词句是不能概括它的全部内涵的。

（节选自陈荒煤《广玉兰》）

白鹭是一首精巧的诗。

色素的配合，身段的大小，一切都很适宜。

白鹤太大而嫌生硬，即如粉红的朱鹭或灰色的苍鹭，也觉得大了一些，而且太不寻常了。

然而白鹭却因为它的常见，而被人忘却了它的美。

那雪白的蓑（suō）毛，那全身的流线型结构，那铁色的长喙（huì），那青色的脚，增之一分则嫌（xián）长，减之一分则嫌短，素之一忽则嫌白，黛（dài）之一忽则嫌黑。

（节选自郭沫若《白鹭》）

 训练提示

在这几段文章中,有小鸟对春天的描述、有洁白的广玉兰、有雪白的白鹭,这些都可以引起我们心中的色彩感受。同学们在读这几段文章的时候,通过对这几种颜色的色彩感知,用有声语言的明暗表现不同颜色。

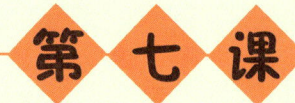

一、音乐语境——孤独

训练内容

教师播放纯音乐Old Memory，学生放松身体，伴随音乐旋律表现相应的节奏。

Old Memory是电视动画作品《缘之空》的插曲，也是经典的背景音乐。清脆的八音盒引出主旋律，接下来由钢琴带起，还有众多提琴在隐隐伴奏，表达了一种孤独的情绪。

训练提示

学生如何听音乐？（哼唱、闭眼）学生通过听觉引起联想，从而获得一个可以感觉到的听觉形象。学生从音乐中感受八音盒的清脆、钢琴的悠扬，体味一种孤独的情绪。

二、语音训练

训练内容

ang发音要领：

从后a开始，发出a后，舌面后部抬高向软腭移动，同时软腭和小舌下降，封闭口腔通路，打开鼻腔通路，气流从鼻腔通过。可保持发a时的口形。

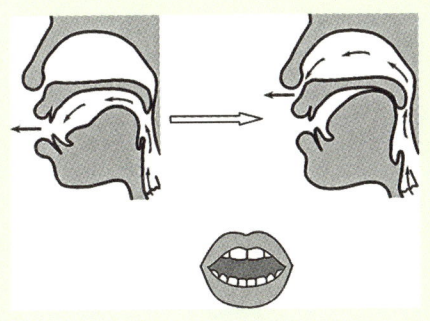

词汇练习

当场　仓房　沧桑　苍茫　厂房　长方　常常　当场
放荡　刚刚　浪荡　盲肠　商场　上场　上当　上房
商行　烫伤　账房　行当　不卑不亢　长期共存
畅所欲言　胆大妄为　纲举目张　孤掌难鸣

朗读练习

子曰:"吾与回言终日,不违,如愚。退而省其私,亦足以发,回也不愚!"

【注释】回:姓颜,名回,是孔子早年的学生,很受器重。省:观察,考察。

【大意】孔子说:"我同颜回讲学一整天,他也不提不同的意见,像是很愚笨。课后我观察他私下的言行,发现他能充分发挥我讲的东西,可见,颜回并不愚笨。"

子曰:"视其所以,观其所由,察其所安,人焉廋哉?人焉廋哉?"

【注释】以:根据,动机,原因。一说,"以"通"与",意为结交朋友。 由:经由。 焉:表示疑问的代词,何处,哪里。廋:隐藏、隐瞒,可以理解为掩盖。

【大意】孔子说:"看一个人言行的动机,观察他为达到目的所用的方法,考察他安心于做什么。这样,这个人怎么能掩盖得了他的真面目呢?"

子曰:"温故而知新,可以为师矣。"

【注释】故：旧的。

【大意】孔子说："常温习学过的知识，才能有新的体会，获得更多的知识，这样就能为人师表了。"

子曰："君子不器。"

【注释】器：器具，只有一种用途的东西。此处用来比喻人知识范围狭窄，只能有某一种技艺。

【大意】孔子说："君子不该像器具一样，只有一种用途。"

三、语感表达训练——味觉感受

训练内容

　　关于碧螺春，有这么一个传说。碧螺春原是一种野茶，生长在太湖东山的碧螺峰石壁上。有一年，野茶长得特别茂盛，采下的茶叶竹篓里装不下，采茶人就把多余的茶叶放入怀里。谁知茶叶沾着热气，透出阵阵异香。"这茶叶的香味吓煞人哪！"人们嚷了起来。从此，这种野茶就被叫作"吓煞人香"。后来大家觉得这个名字不雅，就根据此茶原产于碧螺峰，以及古代常用"春"字来代称茶的习俗，给它起了一个颇为雅致的名字——"碧螺春"。

（节选自唐锁海《碧螺春》）

远远的,我闻到了扑鼻的香气,一阵爽飒的风儿吹过,瞧,那一棵棵婆娑的桂花树,随风摇曳起来了。又是一阵异香扑鼻,我闻到了桂花的香味。这种味道特殊,不同于玫瑰的浓烈,也有异于茉莉的清幽,是一种沁人心脾的异香。

(节选自佚名《桂花树》)

罗沃德的花园花儿盛开,灿烂夺目。一丈红拔地而起,高大如林,百合花已开,郁金香和玫瑰争妍斗艳,粉红色的海石竹和深红的双瓣雏菊,把小小花坛的边缘装扮得十分鲜艳。香甜的欧石南,在清晨和夜间散发着香料和苹果的气味。

(节选自夏洛蒂·勃朗特《简·爱》)

训练提示

对上述材料中表现气味的句子,比如"透出阵阵异香""香甜的欧石南"等展开联想,产生较为具体的味觉感受,用声音的明暗变化表达出不同的味觉感受。

第八课

一、音乐语境——悬疑、神秘

训练内容

教师播放纯音乐The X-Files Theme，学生放松身体，伴随音乐旋律表现相应的节奏。

The X-Files Theme是1996年美国电视剧《X档案》的经典配乐，电视剧一经播出，这首乐曲就引起了轰动，之后该乐曲被很多国家的影视节目采用，2000年国产悬疑电视剧《少年包青天》及电视节目《经典传奇》也使用了这首乐曲。

训练提示

学生如何听音乐？（哼唱、闭眼）学生通过听觉引起联想，想到一些悬疑场景，从而获得一个可以感觉到的神秘的形象。

二、语音训练

训练内容

eng发音要领：

从e开始，发出e后，舌面后部抬高向软腭移动，舌面后部与软腭闭合，封闭口腔通路；同时软腭和小舌下降，打开鼻腔通路，气流从鼻腔通过。可保持发e时的口形。

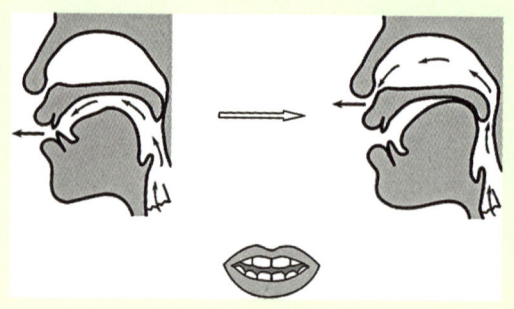

词汇练习

成风	承蒙	逞能	登程	丰登	丰盛	风声	风筝
更生	更正	冷风	冷漠	萌生	声称	生成	升腾
省城	征程	蒸腾	整风

朗读练习

子贡问君子，子曰："先行其言，而后从之。"

【注释】君子：古代君子指的是有学问、有德行或者地位、官职高的人。

【大意】子贡问怎样做才是君子。孔子说："对于自己要说的话，要先做到，再讲出来。"

子曰："君子周而不比，小人比而不周。"

【注释】周：团结周围的人。 比：原义指并列，这里指的是因共同利害而勾结。

【大意】孔子说："君子是用道义来团结人，而不是为私情勾结拉拢人；小人是为私情勾结拉拢人，而不是用道义来团结人。"

子曰："学而不思则罔，思而不学则殆。"

【注释】罔：同"惘（wǎng）"，迷惑。 殆：危险。一说疑惑；另一说没有信心。

【大意】孔子说："只是学习却不思考，就会迷惑；只是空想却不学习，就会有误入歧途的危险。"

子曰："攻乎异端，斯害也已。"

【注释】攻：攻击。另一说为钻研学问。　异端：不正确的结论。　斯：连词，这就。　已：停止。这句也作"斯害也已矣"。

【大意】孔子说："批判那些不正确的议论，祸害就可以消灭了。"

子曰："由，诲女知之乎。知之为知之，不知为不知，是知也。"

【注释】由：孔子的学生，姓仲，名由，字子路。　诲：教导，教育。　女：同"汝"，你。

【大意】孔子说："由，教给你的知识都知道了吗？知道就是知道，不知道就是不知道，这才是明智的态度。"

季康子问："使民敬忠以劝，如之何？"子曰："临之以庄则敬，孝慈则忠，举善而教不能，则劝。"

【注释】季康子：姓季孙，名肥。在鲁哀公时候任正卿。"康"是谥号，"子"是尊称。　以：而，和。　临：对待。　庄：庄重，严肃。

【大意】季康子问："要使人民对我尊敬、忠实又努力勤勉，该怎么做呢？"孔子说："你用庄重严肃的态度来对待人民，人民就会尊敬你；你遵守孝道，慈爱民众，人民就会忠实于你；你提拔优秀的人，教育那些能力弱的人，人民也就会勤勉了。"

三、语感表达训练——味觉感受

训练内容

微风过处，送来缕缕清香，仿佛远处高楼上渺茫的歌声似的，这时候叶子与花也有一丝的颤动，像闪电般，霎时传过荷塘的那边去了，叶子本是肩并肩密密地挨着，这便宛然有了一道凝碧的波痕。

（节选自朱自清《荷塘月色》）

旧历的年底毕竟最像年底，村镇上不必说，就在天空中也显出将到新年的气象来。灰白色的沉重的晚云中间时时发出闪光，接着一声钝响，是送灶的爆竹；近处燃放的可就更强烈了，震耳的大音还没有息，空气里已经散满了幽微的火药香。

（节选自鲁迅《故乡》）

他说着，来到金小姐旁边；一阵浓郁的香味（香水香，粉香，混和着发香，肤香）袭进鼻管，替他把心的欢乐之门开了。

（节选自叶圣陶《倪焕之》）

训练提示

上述材料中，有各种各样的味觉描写，同学们可以通过阅读产生较为具体的味觉感受，用声音的远近高低的虚实变化表达出来。

第九课

一、音乐语境——紧张

训练内容

教师播放琵琶曲《十面埋伏》，学生放松身体，伴随音乐旋律表现相应的节奏。

《十面埋伏》是一首中国琵琶大曲，同时也是中国十大古曲之一。其演奏方式为独奏，乐曲激越，震撼人心，表现了项羽被大军包围时走投无路的场景。

训练提示

学生如何听音乐？（哼唱、闭眼）琵琶的演奏手法在《十面埋伏》中得到了淋漓尽致的发挥，那激动人心的旋律让听者无不热血沸腾、振奋不已，学生可以认真感受、体会这种情绪。

二、语音训练

训练内容

ing发音要领：

起点元音是前高不圆唇元音i，由i开始舌位不降低，一直后移，同时舌尖离开下齿背，舌根稍微抬起，贴向软腭。当两者将要接触时，软腭下降，鼻腔通路打开，紧接着舌根与软腭接触，关闭口腔通路，受阻气流由鼻腔透出。从i到ng，发音位置一前一后，距离较远，注意舌在移动过程中高度变化不大，不要降低后再上升，加进e等其他元音。口形从合到略开。

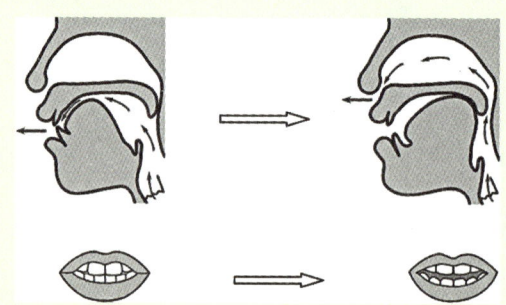

词汇练习

硬块　冰冻　平凡　名人　家庭　另外　北京　青春
宁静　倾听　晶莹　明星　英明　兵变　聆听　明镜
顶天立地　惊天动地　井底之蛙　萍水相逢
情至意尽　迎头痛击

朗读练习

或谓孔子曰："子奚不为政？"子曰："书云：'孝乎惟孝，友于兄弟。'施于有政，是亦为政，奚其为为政？"

【注释】或：代词，有人。 奚：疑问词，何，怎么，为什么。 书：指《尚书》，是商周时期政治文告和历史资料的汇编。 施：延及，推广，影响。 有：无实在意义。 其：代词，指做官。 为：是。 为政：参与政治。当时孔子没有出来做官，所以有人这样问他。

【大意】有人对孔子说："您为什么不参与政治？"孔子说："《尚书》说：'孝就是孝敬父母、友爱兄弟。'把这种道理推广到政治上去，这也是参与了政治，为什么非要做官才算参与政治呢？"

子曰："人而无信，不知其可也。大车无輗，小车无軏，其何以行之哉？"

【注释】信：守信用。 輗：古代大车车辕前面横木上的木销子。大车指的是牛拉的车。 軏：古代小车车辕前面横木上的木销子。小车指的是马拉的车。没有輗和軏，车就不能走。 何以："以何"，靠什么。

【大意】孔子说:"一个人不讲信用,真不知道怎么能行呢?如同大车没有安木销子,小车没有安木销子,靠什么走呢?"

kǒng zǐ wèi　　　jì shì bā yì wǔ yú tíng　shì kě rěn yě　　shú
孔子谓:"季氏八佾舞于庭,是可忍也,孰
bù kě rěn yě
不可忍也。"

【注释】季氏:鲁国正卿季孙氏,这里指季平子,即季孙意如。　八佾:佾,行、列。古代乐舞礼仪中,一佾(一行)有八个人;八佾,是八行,即六十四人。这是天子乐舞的规格。诸侯用六佾,卿大夫用四佾,士用二佾。季氏只有用四佾的资格,但他却用了天子规格的乐舞,是越轨的行为。

【大意】孔子谈论季氏说:"在他的家庙的庭院里用八佾的乐舞,这样的事他都忍心去做了,还有什么事是他不忍心去做的呢?"

三、语感表达训练——时间感受

训练内容

儿时,逢夜醒,耳朵里就会蹑手蹑脚溜进一个声音,心神即被它拐走了:厅堂里一盏木壳挂钟,叮当叮当,永不疲倦的样子……那钟摆声静极了,全世界似乎只剩下它。

(节选自王开岭《耳根的清静》)

立春过后,大地渐渐从沉睡中苏醒过来。冰雪融化,草木萌发,各种花次第开放。再过两个月,燕子翩然归来。不久，布谷鸟也来了。于是转入炎热的夏季，这是植物孕育果实的时期。到了秋天，果实成熟，植物的叶子渐渐变黄，在秋风中簌簌地落下来。北雁南飞，活跃在田间草际的昆虫也都销声匿迹。到处呈现一片衰草连天的景象，准备迎接风雪载途的寒冬。在地球上温带和亚热带区域里，年年如是，周而复始。

（节选自竺可桢《大自然的语言》）

我爱月夜，但我也爱星天。从前在家乡七、八月的夜晚在庭院里纳凉的时候，我最爱看天上密密麻麻的繁星。望着星天，我就会忘记一切，仿佛回到了母亲的怀里似的。三年前在南京我住的地方有一道后门，每晚我打开后门，便看见一个静寂的夜。下面是一片菜园，上面是星群密布的蓝天。

（节选自巴金《繁星》）

训练提示

上述材料都是关于时间的描写，同学们通过具体的训练可以体会到时间感受在语言表达中的运用，用声音的急缓虚实变化表达出来。

一、音乐语境——辽阔

⭕训⭕练⭕内⭕容

教师播放纪录片主题曲Intro，学生放松身体，伴随音乐旋律表现相应的节奏。

Intro是央视纪录片《航拍中国》的主题曲，由著名音乐人王备作曲。闭上眼睛聆听，仿佛置身于祖国的大好河山之中。欣赏音乐，涵养心灵，感受辽阔壮丽之美景。

⭕训⭕练⭕提⭕示

学生如何听音乐？（哼唱、闭眼）在听音乐的过程中，希望学生在脑海中构建一幅宏图——960 万平方公里的辽阔大地，四季轮转的天地,冰与火演奏的乐章。让我们的思绪像鸟儿一样离开地面,冲上云霄,前往平时无法到达的地方。

二、语音训练

训练内容

ong发音要领:

起点元音比后高圆唇元音u舌位略低,舌尖离开下齿背,舌后缩,舌根抬高向软腭移动,当两者将要接触时,软腭和小舌下降,打开鼻腔通路,气流从鼻腔通过。音值接近ueng, 传统汉语语音学将其归入u起头的合口呼。

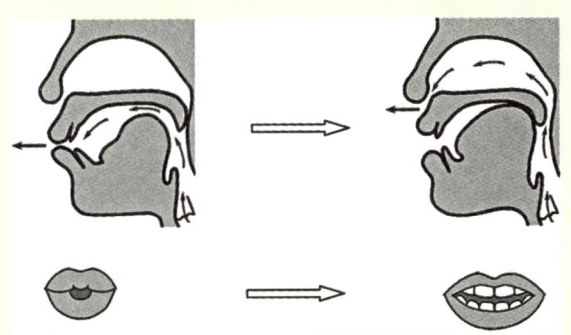

词汇练习

动容　工种　公共　公众　共同　轰隆　红肿　洪钟
空洞　童工　空中　恐龙　龙宫　龙钟　隆冬　隆重
浓重　通红　通融　瞳孔

朗读练习

子曰:"人而不仁,如礼何?人而不仁,如乐何?"

【注释】如礼何:"如……何"句式,指对礼怎么样。 乐:音乐是构成古代礼制的重要部分,所以"礼乐制度"指的是包括音乐在内的古代礼仪制度,并非今天我们说的单纯用来欣赏的音乐。

【大意】孔子说:"一个人若不讲仁德,怎么对待礼呢?一个人若不讲仁德,怎么对待乐呢?"

林放问礼之本,子曰:"大哉问。礼,与其奢也,宁俭;丧,与其易也,宁戚。"

【注释】林放:姓林,名放,字子上。有人认为是孔子的学生。 易:本义指把土地整理平坦,此处指丧葬的礼节仪式办得很周到。 戚:悲哀。

【大意】林放问什么是礼的根本。孔子说:"你提的问题意义重大啊!礼节仪式与其奢侈,宁可节俭;丧葬仪式,与其仪式完备周到,宁可在心里真正感到悲哀。"

子曰:"夷狄之有君,不如诸夏之亡也。"

【注释】夷:古代指东方的少数民族。 狄:指北方的少数民族。 夏:在中原黄河流域居住的华夏民族的诸侯国。 亡:同"无"。

【大意】孔子说:"夷狄虽然有君主,还不如中原国家没有君主却保留礼仪。"

季氏旅于泰山,子谓冉有曰:"汝弗能救欤?"对曰:"不能。"子曰:"呜呼!曾谓泰山不如放乎。"

【注释】旅:古代指祭山。当时只有天子、诸侯有资格祭祀名山大川。季康子只是鲁国的大夫,他去祭祀泰山是违背礼法的。冉有:孔子的学生,姓冉,名求,字子有,当时是季康子的家臣。曾:难道,竟然。

【大意】季康子要去祭祀泰山。孔子对冉有说:"你不能劝阻他吗?"冉有回答说:"不能。"孔子说:"哎呀!难道说泰山之神还不如林放懂得礼节吗?会接受这种祭祀吗?"

三、语感表达训练——时间感受

训练内容

燕子去了,有再来的时候;杨柳枯了,有再青的时候;桃花谢了,有再开的时候。但是,聪明的,你告诉我,我们的日子为什么一去不复返呢?——是有人偷了他们罢:那是谁?又藏在何处呢?是他们自己逃走了罢:现在又到了哪里呢?

(节选自朱自清《匆匆》)

"所有时间里的事物，都永远不会回来了。你的昨天过去了，它就永远变成昨天，你再也不能回到昨天了。爸爸以前和你一样小，现在再也不能回到你这么小的童年了。有一天你会长大，你也会像外祖母一样老，有一天你度过了你的所有时间，也会像外祖母一样永远不能回来了。"爸爸说。

（节选自林清玄《和时间赛跑》）

青青园中葵，朝露待日晞。
阳春布德泽，万物生光辉。
常恐秋节至，焜黄华叶衰。
百川东到海，何时复西归？
少壮不努力，老大徒伤悲。

（汉乐府《长歌行》）

训练提示

上述材料都是关于时间的描写，同学们可以通过具体的训练体会到对时间的感受，用声音的急缓虚实变化表达出来。

第十一课

一、音乐语境——愤懑

训练内容

教师播放乐曲《临安遗恨》，学生伴随音乐旋律表现相应的节奏。

乐曲取材于传统乐曲《满江红》，表现了南宋民族英雄岳飞被奸臣陷害，囚禁在临安（今杭州）狱中，在赴刑场的前夕，由对社稷面临危难的焦虑，对家人处境的挂念，对奸臣当道的愤恨，以及对自己精忠报国却无门可投的无奈而引发的感慨。

训练提示

学生如何听音乐？（哼唱、闭眼）在听音乐的过程中，学生在脑海中构建出英雄壮志难酬身先死的图景。

二、语音训练

训练内容

儿化又称儿化韵,是普通话和某些汉语方言中的一种语音变化现象。

发音规律(一)

(1)韵母或韵尾音素是a、o、e、u 的,儿化时只在原韵母后加卷舌动作。

a—ar	刀把儿	戏法儿	找茬儿	腊八儿
ia—iar	豆芽儿	掉价儿	脚丫儿	人家儿
ua—uar	麻花儿	牙刷儿	笑话儿	香瓜儿
o—or	耳膜儿	粉末儿	山坡儿	歪脖儿
uo—uor	火锅儿	邮戳儿	被窝儿	花朵儿
ao—aor	红包儿	手套儿	口哨儿	熊猫儿
iao—iaor	火苗儿	跑调儿	开窍儿	豆角儿
e—er	模特儿	饭盒儿	方格儿	风车儿
u—ur	火炉儿	碎步儿	泪珠儿	括弧儿
ou—our	纽扣儿	门口儿	小丑儿	网兜儿
iou—iour	加油儿	棉球儿	顶牛儿	套袖儿

(2)韵尾是i、n的(除in、ün外),儿化时失落韵尾,在主要元音上加卷舌动作。

ai—ar	名牌儿	鞋带儿	小孩儿	窗台儿

ei—er	刀背儿	摸黑儿	宝贝儿	眼泪儿
an—ar	快板儿	老伴儿	脸蛋儿	心肝儿
ian—iar	小辫儿	雨点儿	聊天儿	心眼儿
en—er	老本儿	别针儿	杏仁儿	后门儿
uei—uer	土堆儿	跑腿儿	墨水儿	烟灰儿
uen—uer	打盹儿	冰棍儿	开春儿	保准儿
uai—uar	土块儿	乖乖儿	一块儿	
uan—uar	茶馆儿	火罐儿	落款儿	遛弯儿
üan—üar	汤圆儿	烟卷儿	人缘儿	绕远儿

(3) 韵尾是ng的，儿化时失落韵尾，韵腹鼻化。发音时，口腔、鼻腔同时共鸣，并加卷舌动作，称作鼻音化。

ang—ar	药方儿	赶趟儿	香肠儿	肩膀儿
iang—iar	鼻梁儿	透亮儿	花样儿	官腔儿
uang—ar	蛋黄儿	天窗儿	打晃儿	眼光儿
eng—er	钢镚儿	板凳儿	提成儿	门缝儿
ing—ier	水瓶儿	图钉儿	打鸣儿	电影儿
ueng—uer	小瓮儿	果冻儿	胡同儿	酒盅儿
iong—uer	小熊儿	叫穷儿		

训练提示

应特别注意，韵尾是ng的音节儿化时，如果元音不鼻化会造成歧义。如，绳儿—神儿 棚儿—盆儿。

朗读练习

子曰：“君子无所争，必也射乎。揖让而升，下而饮，其争也君子。”

【注释】射：射箭，指射礼，是周礼中规定的射箭比赛。揖：作揖，指拱手行礼。

【大意】孔子说：“君子没有什么可争的事情。如果有所争，那一定是射箭比赛吧！比赛时，互相作揖谦让，再登堂射箭，射完走下堂来又互相敬酒。这样的竞争也是君子之争啊！”

三、语感表达训练——综合感受

训练内容

她从一棵弯曲的柳树上面探过身去，用手拨开柳丛的枝条，看到下面有一个晒得黝黑的男孩子。他光着脚，裤腿一直卷到大腿上，身旁放着一只盛蚯蚓的铁锈罐子。那少年正在聚精会神地钓鱼，没有发觉冬妮娅在注视他。

"这儿难道能钓着鱼吗？"

保尔生气地回头看了一眼。

他看见一个陌生的姑娘站在那里，手扶着柳树，身子探向水面。她穿着领子上有蓝条的白色水兵服和浅灰色短裙，一双带花边的短袜紧紧裹住晒黑了的匀称的小腿，脚上穿着棕色的便鞋。栗色的头发梳成一条粗大的辫子。

拿钓竿的手轻轻颤动了一下，鹅毛鱼漂点了点头，在平静的水面上荡起了一圈圈波纹。

（节选自奥斯特洛夫斯基《钢铁是怎样炼成的》）

树林子像一块面团子，四面都在鼓，鼓了就陷，陷了再鼓；接着就向一边倒，漫地而行；呼地又腾上来了，飘忽不能固定；猛地又扑向另一边去，再也扯不断，忽大忽小，忽聚忽散；已经完全没有方向了。然后一切都在旋，树林子往一处挤，绿似乎被拉长了许多，往上扭，往上扭，落叶冲起一个偌大的蘑菇长在了空中。哗地一声，乱了满天黑点，绿全然又压扁开来，清清楚楚看见了里边的房舍、墙头。

垂柳全乱了线条，当抛举在空中的时候，却出奇地显出清楚，霎那间僵直了，随即就扑撒下来，乱得像麻团一般。杨叶千万次地变着模样：叶背翻过来，是一片灰白；又扭转过来，绿深得黑清。那片芦苇便全然倒伏了，一节断茎斜插在

泥里,响着破裂的颤声。

(节选自贾平凹《风雨》)

训练提示

学生依据上面的文字,对人物、景色等产生综合感受,注意把握描述的态度及整体性,较好地表现这种综合感受。

第十二课

一、音乐语境——综合情绪

训练内容

教师播放乐曲《梁祝》，学生放松身体，伴随音乐旋律表现相应的节奏。

何占豪、陈钢写作的小提琴协奏曲《梁祝》，是家喻户晓的以民间传说为题材、以越剧曲调为素材的单乐章标题协奏曲，全曲的结构为奏鸣曲式，其中呈示部、展开部、再现部三个部分表现了梁山伯与祝英台相爱、抗婚和化蝶的情节。

训练提示

学生如何听音乐？（哼唱、闭眼）学生在聆听音乐的过程中，希望能随着跌宕起伏的旋律感受《梁祝》里所展现的爱恨情仇。

二、语音训练

训练内容

发音规律（二）

（1）韵母是i、ü的音节，儿化时韵母不变，加卷舌音er。

i—ier	玩意儿	针鼻儿	垫底儿	眼皮儿
ü—üer	有趣儿	毛驴儿	小曲儿	金鱼儿
-i（前）—ier	瓜子儿	没词儿	挑刺儿	铁丝儿
-i（后）—ier	记事儿	墨汁儿	锯齿儿	夜市儿

（2）韵腹实际音是ê的音节，儿化时ê变为卷舌音er。

ie—ier	半截儿	小鞋儿	台阶儿	树叶儿
üe—üer	主角儿	皮靴儿	正月儿	空缺儿

（3）韵母是in、ün的，儿化时失落韵尾，i、ü为主要元音加er。

in—ier	有劲儿	水印儿	送信儿	树荫儿
ün—üer	花裙儿	合群儿	喜讯儿	

绕口令

鸡蛋变糖葫芦儿

我们那儿有个王小三儿，在门口摆着一个小杂货摊儿。卖的是煤油火柴和烟卷儿，草纸豆儿纸还有大包的烟儿，红糖白糖花椒大料瓣儿，鸡子儿挂面酱醋油盐儿，糖葫芦一串儿又一串儿，花生瓜子儿还有酸杏干儿。王小三儿不识字儿，写账记账他净闹稀罕儿。街坊买了他六个鸡子儿，他就在账本上画了六个圈儿。过了两天人家还了他的账，他在账单上画了一道儿就勾了圈儿。到了年底下又去跟人家要账，他说人家短了他一串儿糖葫芦儿没有给他钱儿。

训练提示

在轻松、随意的语言环境中，使用儿化的情况会有所增加，但是使用时应注意把握儿化的度，舌太卷，或儿化过多会给人过于随便、不严肃的感觉。

朗读练习

> zǐ yuē　　　lǐ rén wéi měi　　zé bù chù rén　　yān dé zhì
> 子曰："里仁为美；择不处仁，焉得知。"

【注释】里：邻里。周代五家为邻，五邻为里。这里用作动词，作居住讲。　仁：仁德之风淳厚的地方；一说，有仁德的人。处：居住，相处。　焉：怎么，哪里。　知：同"智"，明智。

【大意】孔子说："住在有仁德之风的地方才好。不选择有仁德之人的住处，怎么能算明智呢？"

> zǐ yuē　　　bù rén zhě　　bù kě yǐ jiǔ chǔ yuē　　bù kě yǐ cháng
> 子曰："不仁者，不可以久处约，不可以长
> chǔ lè　　rén zhě ān rén　　zhì zhě lì rén
> 处乐。仁者安仁，知者利仁。"

【注释】约：穷困，俭约。　乐：富裕，安乐。　知：同"智"。

【大意】孔子说："没有仁德的人不能长久地过节俭的生活，也不能长久地过富足安乐的生活。有仁德的人能安心于行仁德，有智慧的人能利用仁德。"

> zǐ yuē　　　wéi rén zhě　　néng hào rén　　néng wù rén
> 子曰："唯仁者，能好人，能恶人。"

【注释】好：动词，喜欢，喜爱。　恶：厌恶，讨厌。

【大意】孔子说："只有有仁德的人才能够以正确的方式喜爱某人，厌恶某人。"

三、语感表达训练——综合感受

训练内容

小兴安岭的树海，一年四季都是美丽的、诱人的。

春天，树木抽出新的枝条，长出嫩绿的叶子。山上的积雪融化了，雪水汇成小溪，淙淙地流着。几只小鹿在溪边散步，它们有的低下头喝水，有的侧着脑袋欣赏自己映在水里的影子。河里涨满了春水。一根根原木随着流水往前漂，像一支舰队在前进。

夏天，树木长得葱葱茏茏，密密层层的枝叶把森林封得严严实实，挡住了人们的视线，遮住了蓝蓝的天空。早晨，雾从山谷里升起来，整个森林浸在乳白色的浓雾里。

太阳出来了，千万缕利剑一样的金光，穿过树梢，照射在工人宿舍门前的草地上。草地上盛开着五颜六色的野花，红的、白的、黄的、紫的，真像个美丽的大花坛。

秋天，白桦和柞树的叶子变黄了，松树显得更加翠绿了。秋风吹来，落叶在林间飞舞。这时候，森林向人们献出了酸甜可口的山葡萄，又香又脆的榛子，鲜嫩的蘑菇和木耳，还有人参等名贵药材。

冬天，雪花在空中飞舞，树上积满了白雪。地上的雪厚厚的，又松又软，常常没过膝盖。西北风呼呼地刮过树梢，紫貂和黑熊不得不躲进各自的洞里。紫貂捕到一只野兔当美餐，黑熊只好用舌头舔着自己又肥又厚的脚掌。松鼠靠秋天收藏在树洞里的松子过日子，有时候还到枝头散散步，看看春天是不是快要来了。

小兴安岭真是一座巨大的宝库，也是一座美丽的大花园。

（节选自董玲秋《美丽的小兴安岭》）

训练提示

《美丽的小兴安岭》描写了小兴安岭的四季，综合了多种朗读感受，同学们在朗读时注意把握感受的整体性。

第五级

第五级训练目的

● 语言感受训练目的

1. 学生通过声情并茂地朗诵歌词，体会歌词中喜悦、烦恼、悲愤、喜爱、悲伤等情绪，提高个人对语言的感受力。

2. 通过学习轻松活泼的快板，在练习吐字归音、用气发声的同时，提高学生的语言表现力。

● 语音训练目的

1. 了解声调的相关内容，掌握普通话中阴平（一声）、阳平（二声）、上声（三声）、去声（四声）的读法。

2. 了解轻声的概念，掌握轻声词的发音要领。

3. 通过训练，掌握词语轻重格式的发音方法。

● 语气 + 节奏综合训练目的

通过影视配音训练掌握语气技巧，使学生在具体语境中准确地把握语句的思想感情、个性特点，使自己的有声语言更富有变化。通过节奏的技能训练，使学生掌握语气衔接的技巧，从而更加完整准确地表达动画片片段的剧情。

第一课

一、语言感受——喜悦的情绪

放假了

文雅 词

老师坐在讲台后面

校长正在广播发言

滔滔不绝假期总动员

同学们都心不在焉

开着小差数着时间

耐心已经快要到极限

让时间加快

我们迫不及待

其实早就有安排保证假期精彩

终于能理直气壮放肆地不乖

大会到此结束,同学们,放假了

一起Say Hi 我们放假了

Say Hi 我们去玩耍

让快乐的抛物线

一直能飞到顶点

什么上课测验什么假期作业

这一刻统统都靠边

一起 Say Hi 我们放假了

Say Hi 我们去玩耍

让自由的抛物线

一直能冲上云天

什么高分升学什么热门专业

这一刻统统都靠边

训练提示

《放假了》这首歌曲表达了学生快要放假时，愉悦、兴奋的心情，同学们在朗读这篇歌词的时候，要从"让时间加快，我们迫不及待"等歌词中，体会放假的高兴情绪，可以将自己期盼放假的心情融入歌词中。

二、语音训练

训练内容

　　普通话里有四种基本的声调，即阴平（一声）、阳平（二声）、上声（三声）、去声（四声）。

　　而声调的实际读法，一般采用"五度标调法"来表示。

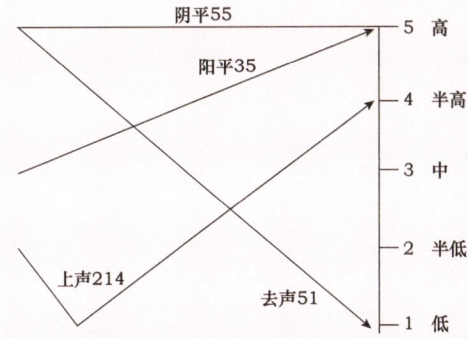

　　阴平（一声）　发音时，起音高平莫低昂，气势平均不紧张。要保持住音高。用五度标调法来表示，就是从5到5，写作55。

词汇练习

青　春　光　辉　租
天　花　开　公　司
参加　西安　播音　工兵　拥军　丰收
香蕉　江山　咖啡　班车　单一　发声
青春光辉　春天花开　公司通知　新屋出租

训练提示

两个阴平（一声）连读时，很容易出现第二个音的调值不够55，只有44的现象，或者阴平调的字在语句末尾时调值不够，这时，可以把第一个字音读成44，第二个读成55，符合听觉规律。如，西安（44、55）。末尾的阴平字只能是55调。

朗读练习

> zǐ yuē　　　yōng yě kě shǐ nán miàn
> 子曰："雍也可使南面。"

【注释】南面：古代坐北朝南，面向南方的位置为尊位。

【大意】孔子说："冉雍这个人可以让他坐尊位当高官。"

> yuán sī wèi zhī zǎi　　yǔ zhī sù jiǔ bǎi　　cí　zǐ yuē
> 原思为之宰，与之粟九百，辞。子曰：
> wú　yǐ yǔ ěr lín lǐ xiāng dǎng hū
> "毋，以与尔邻里乡党乎。"

【注释】原思：孔子的学生，姓原，名宪，字子思。　之：这里用法与"其"相同，意为他的，指孔子的。　九百：下面省略了度量名，无法知道计量单位是什么。　毋：不要，勿。　邻里乡党：古代5家为邻，25家为里，500家为党，12 500家为乡。

【大意】原思担任孔子家的总管，孔子给他小米九百，他不肯接受。孔子说："别推辞！如果有多余的可以分给你的邻里乡亲。"

三、语气＋节奏综合训练

《疯狂动物城》片段

小朱迪："那时候世界分成了两大阵营，这是食肉动物和食草动物。时过境迁我们不断进化，许多动物都摆脱了野蛮的本性。现在，食肉和食草动物和平共处，所有的小动物都有了数都数不尽的机遇。"

小羊："是呀！我再也不用躲在羊群里了。我梦想成为一名宇航羊。"

小狮子："我再也不用孤独地追捕猎物了。现在我能追捕偷税漏税者，我要当一个计算大师。"

小朱迪:"我能让这个世界变得更美好。我将来要当一个——兔子警官!"

小吉丁:"哈哈哈哈哈……兔子警官!这可是我听过最傻的事儿了!"

小朱迪:"在目光短浅的人看来是不可能,我就说你呢小吉丁。但是,距离这里211英里之外,就是伟大的城市——动物城啦!我们的祖先最早在那里签订了和平条约,那里面说,每个动物都充满了无限的可能性!谢谢大家,晚安!"

训练提示

配音时,要准确把握小羊、小狮子、小朱迪的人物性格,把握各个动物说话时的语言节奏;同时,也要精准把握每个小动物说话时候的语气,精准把握小朱迪语气里的自信、勇气和抱负,小吉丁语气里的轻蔑。

第二课

一、语言感受——烦恼的情绪

训练内容

小小少年

肖章　译词

小小少年
很少烦恼
眼望四周阳光照
小小少年
很少烦恼
但愿永远这样好
一年一年时间飞跑
小小少年在长高
随着年岁由小变大
他的烦恼增加了
小小少年
很少烦恼
无忧无虑乐陶陶

但有一天
风波突起
忧虑烦恼都来了
一年一年时间飞跑
小小少年在长高
随着年岁由小变大
他的烦恼增加了

训练提示

歌曲《小小少年》是德国电影《英俊少年》中的插曲,影片描写了从小失去母亲、父亲入狱的少年海因切,在女律师的帮助下,以自己的善良感动了对父亲怀有很深成见的外公,最后一家重新团聚的故事。歌词中表达了主人公愉快的心情,也在字里行间透露了少年在成长中的烦恼。在朗读歌词的时候,要仔细品味文字中所包含的复杂情感。

二、语音训练

训练内容

阳平(二声) 起音比阴平稍低,然后升到高。用五度标记法表示,就是从3升到5,写作35。

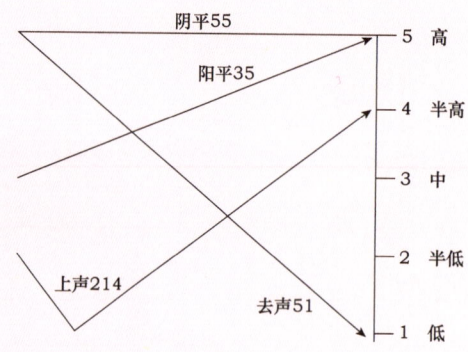

词汇练习

人　民　银　行　连

年　和　平　农　民

直达　滑翔　儿童　团结　人民　模型

联合　驰名　临时　吉祥　灵活　豪华

人民银行　连年和平　农民犁田　圆形循环

训练提示

两个阳平连读时，很容易出现阳平拐弯的现象。前一个音由于受后一个音的影响，调值可以低一点，念成34，后一个音念35。这样发音更充分。如，红旗（34、35），声音直上避免拐弯。

朗读练习

rǎn qiú yuē　　　fēi bù yuè zi zhī dào　　lì bù zú yě　　　　zǐ
冉　求　曰：" 非　不　说　子　之　道，力　不　足　也。" 子
yuē　　　lì bù zú zhě　　zhōng dào ér fèi　　jīn rǔ huà
曰：" 力　不　足　者，中　道　而　废，今　女　画。"

【注释】说：同"悦"，喜欢。　女：同"汝"。　画：画线为界，停止。

【大意】冉求说："我并非不喜欢您的学说，而是我的力量不够。"孔子说："真的力量不够，是走到半路就再也走不动了。现在你却是为自己画了停止的界线。"

zǐ wèi zǐ xià yuē rǔ wéi jūn zǐ rú wú wéi xiǎo rén rú
子谓子夏曰："女为君子儒，无为小人儒。"

【注释】女：同"汝"，你。 君子儒：指通晓周礼仪制度、道德高尚的人，反之为小人儒。儒，指古代主持喜、丧仪式的人。

【大意】孔子对子夏说："你要做君子式的儒者，不要做小人式的儒者。"

三、语气+节奏综合训练

《逗鸟外传：萌宝满天飞》片段

小郁：对不起，我，真是太抱歉了，我只是想帮忙，可老是会惹事。

朱尼尔：哦，天哪，啊，对了，小郁，我有个消息要告诉你。

小郁：等等，你先听我说，谢谢你来祝贺我的生日，朱尼尔你真是太好了，就像一道彩虹，所以谢谢你，你太好心了。哦，对不起，我又打岔了。你刚说什么？

朱尼尔：呃……没什么，我有个振奋人心的消息，你现在已经获得解放了。

小郁：你这是什么意思？

朱尼尔：这个，这就是说你已经被开除了。

小郁：什么？

朱尼尔：你，被……

小郁：你怎么了？

朱尼尔：对不起，你……被……呃啊，被……公司升职了。

小郁：是吗？可我刚刚差点毁了整个工厂。

朱尼尔：噢，是啊，大逆转，所以这意味着……我给你一个独立的部门，全权负责，你就是新上任的信件大使。

小郁：原来我们还收发信件啊。

朱尼尔：当然了，而你就是新官上任了。

小郁：好嘞，让他们瞧瞧我的厉害。

朱尼尔：这个山头就是你的了。

小郁：没问题。

朱尼尔：拿出本事来。

小郁：瞧好吧！

朱尼尔：第一条守则是什么？

小郁：顾客就是上帝。

朱尼尔：错，绝不离开半步。

小郁：我还以为守则会是战斗，随时准备战斗。

朱尼尔：不，记住了，只有一条，绝不离开半步。

小郁：好的，可是……

训练提示

本文选取的片段来自动画电影《逗鸟外传：萌宝满天飞》。小郁是快递公司在运送婴儿过程中出意外而留在公司的孩子，她长大之后经常给快递公司闯祸。公司老板以升职为诱饵，让朱尼尔借机开除小郁，因此有了上述对话。该段配音要注意把握小郁前后的心理变化，前半段因为闯祸，配音的时候语气要表现出惭愧的感觉，后半段要把握好她有了新工作后踌躇满志的感觉。为朱尼尔这个角色配音时，语气中要透露出不好意思，又略带狡黠的感觉。

第三课

一、语言感受——愤怒的情绪

训练内容

松花江上

张寒晖　词曲

我的家在东北松花江上
那里有森林煤矿
还有那满山遍野的大豆高粱
我的家在东北松花江上
那里有我的同胞
还有那衰老的爹娘
九一八　九一八
从那个悲惨的时候
九一八　九一八
从那个悲惨的时候
脱离了我的家乡
抛弃那无尽的宝藏
流浪流浪

整日在关内流浪
哪年哪月
才能够回到我那可爱的故乡
哪年哪月
才能够收回我那无尽的宝藏
爹娘啊爹娘啊
什么时候才能欢聚在一堂

训练提示

歌曲《松花江上》诞生于日寇大举侵华的紧要关头，唱出了"九·一八"事变后东北民众的悲愤情怀。歌词有很强的说服力，真切感人。同学们在朗读的时候，要紧紧抓住歌词中所蕴含的悲愤之情，以及号召人们起来反抗斗争的力量。

二、语音训练

训练内容

上（shang）声（三声）　声音先降后转上挑再扬上去，气息要稳住上走，并逐渐加强。用五度标记法表示，是从2降到1再升到4，写作214。

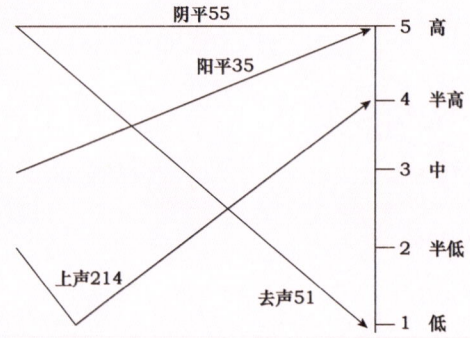

词汇练习

彼　此　理　解　享

想　美　满　永　远

古典　北海　领导　鼓掌　广场　展览

友好　导演　首长　总理　感想　理想

彼此理解　理想美满　永远友好　管理很好

训练提示

两个上声相连时，属于变调问题，下文详谈。

朗读练习

āi gōng wèn　　　dì zǐ shú wéi hào xué　　　kǒng zǐ duì yuē
哀公问："弟子孰为好学？"孔子对曰：
yǒu yán huí zhě hào xué　　bù qiān nù　　bù èr guò　　bù xìng duǎn mìng sǐ
"有颜回者好学，不迁怒，不贰过，不幸短命死
yǐ　　jīn yě zé wú　　　wèi wén hào xué zhě yě
矣。今也则亡，未闻好学者也。"

【注释】迁怒：自己不如意时拿别人出气。迁，转移。 贰：二，再次，重复。 亡：同"无"。

【大意】鲁哀公问孔子："你的学生里哪个好学？"孔子回答说："有个叫颜回的学生好学，不迁怒于别人，不再犯同样的错误，但不幸短命死了。现在就没有这样的人了，再没有听说过有谁好学了。"

zǐ yuē　　　huí yě　　qí xīn sān yuè bù wéi rén　　qí yú　　zé
子曰："回也，其心三月不违仁，其余，则
rì yuè zhì yān ér yǐ yǐ
日月至焉而已矣。"

【注释】三月：约数，长期的意思。　日月：一天、一月，指短期，偶尔。　至：做到。

【大意】孔子说："颜回呀，他能长久地不违背仁德，其余的学生只能在短时间里做到仁德而已。"

三、语气＋节奏综合训练

训练内容

《哪吒传奇》片段

（一支轩辕箭被狠狠地摔在大殿上）

纣王：闻太师，给我马上查出这支箭的来历。一旦查出就地正法！

闻太师捡起了那支箭，仔细端详着。

闻太师：这好像是轩辕箭中的轩箭。据我所知，轩辕箭一直保存在陈塘关李靖府上。

纣王：什么，又是李靖！竟敢刺杀我，真是吃了豹子胆。来人！去给我把李靖抓来，我要把他千刀万剐！

闻太师：大王切莫着急。轩辕箭是世界上最沉的箭，好像还没有人拉得动，以李靖李将军的力量是不可能拉得动那弓，并且将箭射到遥远的朝歌城来的。这其中必有原委。

纣王：那他家中就没有别人拉得开这轩辕箭了吗？

闻太师：李靖家里还有三个儿子，最大的才不过10岁。

纣王：我不管，申公豹，你赶紧给我去查！

申公豹：是。

闻太师：那轩辕箭异常沉重，从黄帝以后就没有人可以拉得动。相传如果谁能拉开轩辕箭，谁将是拯救天下的人。

纣王：拯救天下，天下是我的，要他来拯救，笑话。发现此人，格杀勿论！

训练提示

这一段情节发生在朝堂上，哪吒把家里的轩辕箭射到了纣王的宫殿里，纣王恼羞成怒，于是产生了如上的对话。人物主要包括纣王和闻太师。纣王是一个暴虐的昏君，当别人冒犯他的时候，表现得很愤怒、不理智。在为这个人物配音的时候，语气可以凶残一点，急躁一点。闻太师作为朝中老臣，又是忠臣，为这个人物配音的时候，语言节奏要稳重成熟，语气要诚恳。

第四课

一、语言感受——爱的情绪

少年英雄小哪吒

乔羽　词

是他是他是他

就是他

我们的朋友

小哪吒

是他就是他是他就是他

少年英雄小哪吒

上天他比天要高

下海他比海更大

智斗妖魔降鬼怪

少年英雄就是小哪吒

有时他很聪明

有时他也犯傻

他的个头跟我一般高

有时他很努力

有时他也贪玩

他的年纪跟我一般大

上天他比天要高

下海他比海更大

智斗妖魔降鬼怪

少年英雄就是小哪吒

歌曲《少年英雄小哪吒》是动画片《哪吒传奇》的片尾曲，描绘了一个活灵活现的哪吒形象，上天入地、智斗妖怪，无所不能，但是哪吒也有一些普通小孩子身上的缺点，比如也会犯傻、贪玩。不论他什么样，都是我们喜欢的小伙伴。在朗读歌词的时候，同学们要仔细品味字里行间的这种喜爱之情以及欢快的节奏。

二、语音训练

训练内容

去声（四声）　起音高，接着往下滑。用五度标记法表示，是从5降到1，写作51。

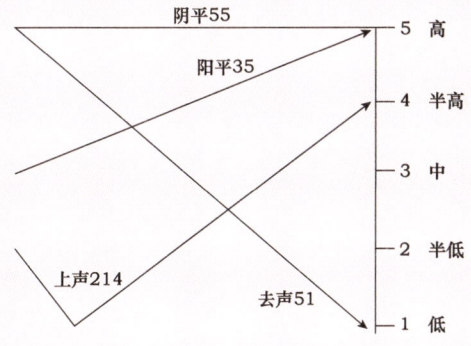

词汇练习

下　次　注　意　世

教　育　报　告　胜

日月　大厦　破例　庆贺　宴会　画像

示范　大会　快报　致意　建造　干部

下次注意　世界教育　报告胜利　创造利润

训练提示

两个去声连读时，很容易出现起音时的高度达不到五度，下走气息托不住声音，产生"劈"的现象。发音时，可以把第一个音发成53调，第二个音的气息相对充分一些，发成51调。声音从上往下走，气息要饱满通畅，声音不能"劈"。

朗读练习

　　　　zǐ yuē　　　zhì shèng wén zé yě　　wén shèng zhì zé shǐ　　wén zhì
子曰："质 胜 文 则 野，文 胜 质 则 史，文 质
bīn bīn　　rán hòu jūn zǐ
彬 彬，然 后 君 子。"

【注释】质：质地，内在的含义、本质。文：文采，华丽的装饰，外在的形式、礼仪。　史：本指掌管礼仪、文书的史官。这里比喻像史一样铺陈浮夸，并无诚意，缺少实质感情内容。

【大意】孔子说："内含的质朴多于外在形式的文字，就会显得粗野，外在的文采多于内含的质朴，就会显得浮夸虚伪。只有把文采与质朴配合恰当，才能成为君子。"

zǐ yuē rén zhī shēng yě zhí wǎng zhī shēng yě xìng ér miǎn
子曰："人之生也直，罔之生也幸而免。"

【注释】直：正直。 罔：诬罔，不正直的人。

【大意】孔子说："人能生存是由于正直，不正直的人也能生存，不过是他侥幸免于祸害罢了。"

三、语气＋节奏综合训练

《疯狂动物城》片段

（警局前台）

朱　迪：对不起。

豹警官：嗯？

朱　迪：在下面，嗨！

豹警官：哦，我的天哪！他们真的招了一只兔子。哇哦！好萌！我跟你说，你比我想象中的还可爱。

朱　迪：哦，啊，你可能不知道吧，兔子可以说别的兔子可爱，但别的动物那么说就有一点，那个……

豹警官：哦，真的很抱歉。我，大家都叫我豹警官，他们认为我只是个爱吃甜甜圈的胖子,个人偏见真伤人。

朱　迪:这没关系,哦,你那里有一个,一个……

豹警官:什么?

朱　迪:在脖子里,那个褶里。

豹警官:在哪儿?

朱　迪:嗯,那儿。

豹警官:哦,你在这儿我的小甜甜。

朱　迪:啊,嘿嘿,我该去报到了,我该往哪儿走啊?

豹警官:哦,办公室在我的左手边。

朱　迪:好,谢谢。

豹警官:哦,可怜的小兔子会被生吃了的。

训练提示

同学们在为这一段人物对话配音时,要准确把握朱迪警官和豹子警官的人物特点,把握他们说话时的语言节奏,准确表达朱迪警官第一天上班的激动心情;把握豹子警官有点懒散的感觉,体会他说话时的语气,尤其是当他发现脖子上有甜甜圈时惊讶的语气。

第五课

一、语言感受——悲伤的情绪

训练内容

歌唱二小放牛郎

方冰 词

牛儿还在山坡吃草
放牛的却不知哪儿去了
不是他贪玩耍丢了牛
那放牛的孩子王二小
九月十六那天早上
敌人向一条山沟扫荡
山沟里掩护着后方机关
掩护着几千老乡
正在那十分危急的时候
敌人快要走到山口
昏头昏脑地迷失了方向
抓住了二小要他带路
二小他顺从地走在前面
把敌人带进我们的埋伏圈
四下里乒乒乓乓响起了枪炮
敌人才知道受了骗
敌人把二小挑在枪尖
摔死在大石头的上面
我们那十三岁的王二小
可怜牺牲在山间
干部和老乡得到了安全
他却睡在冰冷的山间

093

训练提示

　　《歌唱二小放牛郎》是一首叙事诗，同时也是一首歌词，颂扬了抗日小英雄王二小为了掩护八路军和老乡，把敌人领进埋伏圈，自己英勇牺牲的壮举。希望同学们通过朗读的方式，了解二小的事迹，感知英雄的品格，体会歌词中王二小离开之后人们心里的难过与悲伤。

二、语音训练

训练内容

　　普通话的每个音节都有声调，可是在词或句子里有些音节常常失去原来的声调，变得既短又轻，就叫轻声。

新词、科学术语一般没有轻声音节，口语中的常用词才有读轻声音节的。下面几种情况在普通话中读轻声。

（1）语气词"吧、嘛、呢、啊"等。

轻声练习

明天也许就是春天了吧？这样的温暖，今天夜里山草也许就绿起来了吧？就是这点儿幻想不能一时实现，他们也并不着急，因为这样慈善的冬天，干什么还希望别的呢！

（节选自老舍《济南的冬天》）

（2）助词"着、了、的、地、得、们"等。

轻声练习

它们对小鸟儿说："啊！你们真像孩子，随着感情说话；大自然就是藉着你们而说话的；我们却两样了，季节不为我们而旋转；我们反唱着它们的催眠曲。"

（节选自林语堂《生活的艺术》）

训练提示

轻声音节是弱化音节，在读的时候不能拖长音，也不能太短促。

朗读练习

子曰:"述而不作,信而好古,窃比于我老彭。"

【注释】述:阐述、传述已有的。 作:创始,创作,创造。 窃:私下,私自。 老彭:商代的贤大夫彭祖。

【大意】孔子说:"只传述旧章,不创制新作,笃信、爱好古代的文化,我可以和彭祖相比拟。"

子曰:"默而识之,学而不厌,诲人不倦,何有于我哉?"

【注释】识:同"志",记住。 厌:本义指吃饱,引申为满足。 诲:教导,教诲。 何有于我哉:对于我有什么困难呢?一说,我做到了哪些呢?

【大意】孔子说:"默默记住所见所闻,勤奋学习永不满足,耐心教导别人不倦怠,这三件事于我有什么困难呢?"

三、语气＋节奏综合训练

《宝莲灯》片段

童年沉香：妈妈，宝莲灯刚才亮了！

三圣母：是的。

童年沉香：妈妈，您不想让灯亮吗？

三圣母：不，妈妈很想让它亮起来，但是现在不行。这盏灯，不是一盏平平常常的灯。

童年沉香：那它是……

三圣母：它是一盏神灯。

童年沉香：神灯？妈妈，它为什么是神灯呢？

三圣母：因为，因为坏人都怕它，因为它能给好人带来幸福。

童年沉香：妈妈，什么叫幸福啊？

三圣母：幸福就是……呵呵，妈妈跟沉香在一起呀。

童年沉香：哦，我懂了。我和妈妈在一起最高兴！

三圣母：对。

童年沉香：和妈妈在一起，就是幸福！

三圣母：对！呵呵……

童年沉香：妈妈，那我们就让灯永远亮着，我要和妈妈永远在一起，永远都幸福……

童年沉香：啊……

三圣母：呵，沉香困了？

童年沉香：嗯……

训练提示

上海美术电影制片厂的动画电影《宝莲灯》根据同名中国神话改编，讲述了沉香历尽艰辛拜师学艺，最终通过宝莲灯打败舅舅二郎神，救出母亲的故事。本课选择的片段是童年沉香和母亲的一段温情对话，体现了母子之间的爱，也为后面的沉香救母做了铺垫。因为沉香此时是个小孩子，为这一段配音的时候要把握他说话的语气、节奏，最好略带一些奶声奶气，而母亲深爱着沉香，配音的时候语气要十分温和，如春风一般。

第六课

一、语言感受——哀伤的情绪

鲁冰花

姚谦　词

我知道半夜的星星会唱歌
想家的夜晚
它就这样和我一唱一和
我知道午后的清风会唱歌
童年的蝉声
它总是跟风一唱一和
当手中掌握住繁华
心情却变得荒芜
才发现世上一切都会变卦
当青春剩下日记
乌丝就要变成白发
不变的只有那首歌
在心中来回地唱
天上的星星不说话
地上的娃娃想妈妈
天上的眼睛眨呀眨
妈妈的心啊鲁冰花
家乡的茶园开满花
妈妈的心肝在天涯
夜夜想起妈妈的话
闪闪的泪花鲁冰花
啊……闪闪的泪光鲁冰花

训练提示

电影《鲁冰花》是一篇哀伤的叙事诗,讲述了一个凄美的乡村故事。在电影里面,鲁冰花用来象征母爱。歌曲《鲁冰花》是依据电影创作的,表达了对母亲的思念。歌词"夜夜想起妈妈的话,闪闪的泪光鲁冰花"表现了想起妈妈时的哀伤情绪,悲伤与痛苦令人潸然泪下。同学们朗诵的时候要认真感受这种情绪。

二、语音训练

训练内容

普通话的每个音节都有声调,可是在词或句子里有些音节常常失去原来的声调,变得既短又轻,就叫轻声。下面几种情况在普通话中读轻声。

(1) 名词后缀"子、儿、头"等。

轻声练习

孩子　鸟儿　石头

　　有经验的老农把雪比作是"麦子的棉被"。冬天"棉被"盖得越厚，明春麦子就长得越好，所以又有这样一句谚语："冬天麦盖三层被，来年枕着馒头睡。"

（节选自峻青《第一场雪》）

(2) 重叠式名词或动词、叠音亲属称谓（也可描述为"AA式"）的后一个音节。

轻声练习

宝宝　看看　爸爸　密密麻麻　和和睦睦
零零碎碎　说说笑笑　缝缝补补

　　假日到河滩上转转，看见许多孩子在放风筝。一根根长长的引线，一头系在天上，一头系在地上，孩子同风筝都在天与地之间悠荡，连心也被悠荡得恍恍惚惚了，好像又回到了童年。

（节选自李恒瑞《风筝畅想曲》）

训练提示

读词语和句子的时候，一定要注意轻声词的发音，不可以忽略。

朗读练习

> 子曰："三人行，必有我师焉。择其善者而从之，其不善者而改之。"

【大意】孔子说："如果三个人一起走，当中必定有能做我老师的人。选择他的长处学习，以他的短处作为自己改正的参照。"

> 子曰："德之不修，学之不讲，闻义不能徙，不善不能改，是吾忧也。"

【注释】修：修养。 义：正确，合乎道义的事情。 徙：原指迁移，这里指迁从，改变自己使行为更接近义。 不善：不好的，指错误、缺点。 是：代词，这些。

【大意】孔子说："品德不加以修养，学问不加以讲习，听到合于义的道理不能去照着做，有缺点却不能改正，这是我所忧虑的。"

三、语气＋节奏综合训练

《西游记之大圣归来》片段

江流儿：大圣你一定见过佛祖吧？你说我念经的时候佛祖能听见吗？

大　圣：听见，肯定能听见，那老头最爱搞闲事了。

江流儿：大圣，你一定会很多法术吧。我知道，齐天大圣孙悟空，身如玄铁，火眼金睛，长生不老，还有七十二变。一个筋斗云啊，就是十万八千里。拔根毫毛，一吹。（迟疑）咦，怎么什么都没有啊。对了大圣，你还有一根如意金箍棒，话说那金箍棒，重一万三千六百斤。大圣，大圣，你的金箍棒呢？哦，戏里说你给藏在耳朵里了，啊，给我看看。

大　圣：你个小屁孩，叽叽喳喳跟了俺一路，俺老孙的脑仁儿都被你吵炸了，能不能让我安静会儿。啊，不许再提金箍棒的事！

江流儿：大圣，二郎神真的有三只眼睛吗？

（孙悟空非常生气，砸烂了石头）

江流儿：啊，好厉害，大圣，大圣，巨力神是不是力气很大？

大　圣：很大。

江流儿：四大天王是兄弟吗？

大　圣：是姐妹。

江流儿：那哪吒是男孩吗？

大　圣：女的。

江流儿：托塔天王有塔吗？

大　圣：没有。

江流儿：那塔里有人吗？

大　圣：唉，没有。

训练提示

影片《西游记之大圣归来》讲述了已于五行山下寂寞沉潜五百年的孙悟空被儿时的唐僧——俗名江流儿的小和尚误打误撞地解除封印后，在相互陪伴的冒险之旅中找回初心，完成自我救赎的故事。本节课选取的是崇拜大圣的江流儿很絮叨地问了孙悟空很多问题，弄得孙悟空很烦的片段。同学们在配音的时候，一定要把江流儿天真烂漫、好奇的心态用声音表现出来，也要表现出孙悟空的烦躁情绪。

一、语言感受

黑大嫂

说有位大嫂特别地黑,
她生了个孩子赛烟煤。
有一次黑大嫂她抱着孩子去玩耍,
没留神孩子进了煤堆,
这一进煤堆坏了事,
分不出哪是孩子哪是煤,
旁边有个老头出了个好主意,
他抬手就把那拐杖挥,
哎大嫂啊,你拿棍捅啊,
那软的是孩子硬的就是煤。

训练提示

表演《黑大嫂》这段快板的时候，要注意节奏不紧不慢，叙述和表演相结合。后半段老头的语言，要适当地表现和模仿老年人苍老的声音。

二、语音训练

训练内容

学习轻声的发音要领。

（1）表示趋向的动词、方位词一般读轻声。

轻声练习

这次，我看到了草原。那里的天比别处的更可爱，空气是那么清鲜，天空是那么明朗，使我总想高歌一曲，表示我满心的愉快。在天底下，一碧千里，而并不茫茫。四面都有小丘，平地是绿的，小丘也是绿的。羊群一会儿上了小丘，一会儿又下来，走在哪里都像给无边的绿毯绣上了白色的大花。

（节选自语文课本五年级下册《草原》）

大街上的积雪足有一尺多深，人踩上去，脚底下发出咯吱咯吱的响声。一群群孩子在雪地里堆雪人，掷雪球儿，那欢乐的叫喊声，把树枝上的雪都震落下来了。

（节选自峻青《第一场雪》）

(2) 有一些双音节词的第二个音节，按习惯也要读成轻声。

轻声练习

秘书	书记	大夫	老婆	闺女	相声	窗户	玻璃
扫帚	萝卜	豆腐	庄稼	太阳	月亮	云彩	耳朵
眉毛	眼睛	哆嗦	犹豫	马虎	衣服	刺猬	告诉
打听	明白	商量	清楚	性子	意思		

(3) "一""不"夹在重叠动词或形容词中间读轻声。

轻声练习

看一看　瞧一瞧　尝一尝　同意不同意
好不好　忙不忙　高不高　整齐不整齐

朗读练习

子曰："不愤不启，不悱不发，举一隅不以三隅反，则不复也。"

【注释】愤：努力思考而没有找到答案。 悱：想说却表达不出来。 隅：角，角落。这句是"启发"和"举一反三"两词的出处。

【大意】孔子说："不到学生苦苦思考而仍不理解的时候不去启示他，不到学生想说却又说不出的时候不去启发他；告诉他一隅，他却不能以此推知其他三隅，便不要再教他了。"

子曰："我非生而知之者，好古，敏以求之者也。"

【大意】孔子说："我不是生下来就什么都知道，我的知识是因为我爱好古代文化，勤奋学习得到的。"

三、语气 + 节奏综合训练

训练内容

《爱宠大机密》片段

麦克：嗨，我说杜老大。

杜老大：什么？

麦克：你去给我找根棒子来咬咬可以吗？咬上一根的话，我会感觉非常高兴，非常舒服。没听到吗？快去拿。

（杜老大转身找棍子）

麦克：不不不，那个，那根不行，那根我不太喜欢，去给我找根像样点的来。

大狗：嗨，麦克，天哪，哦，哇，这有一大堆棒子可以咬，赶快过来看看啊，不然我拿了你不喜欢怎么办啊。

麦克：噢，你真是，想得很周到嘛。

大狗：你看这儿有一大堆不错的棒子。

麦克：救命救命！

哈巴狗：听到了吗？

腊肠狗：蝴蝶，蝴蝶，抓住它！

麦克：嗯？怎么？啊（不停尖叫）……

麦克：救命救命救命！

大狗：再见咯？

麦克：别把我丢在这儿。

大狗：我也不想的，麦克。

麦克：别走！

杜老大：已经走远了。

麦克：杜老大，我求你了。

训练提示

这是动画电影《爱宠大机密》的台词。杜老大将家里的花瓶打碎,麦克故意将家里打乱,想将一切都栽赃给杜老大。杜老大见此不得不屈服了,于是麦克拉着杜老大出去玩。杜老大心有不甘,拉着麦克在街上狂奔,并将它扔进了垃圾桶。为这一段配音的时候,要把麦克傲慢得意的语气表达出来,同时,要把杜老大开始的不情愿、后边"使坏"的变化用语言的节奏和语气变化演绎出来。

第八课

一、语言感受

训练内容

油灯碗

竹板打，点对点儿，您听我唱段小快板儿，
我们家墙上有个窟窿眼儿，
里边放着个油灯碗儿，
我奶奶灯底下纳鞋底儿，
手指头扎了多少眼儿，
我妈在灯下做鞋帮儿，
愣拿后跟当前脸儿，
我在灯底下常看书，
到现在落了个近视眼儿，
自从安上水电站，
电灯泡安在我们上门槛儿，
这屋里照得亮堂堂，
晚上干活不费眼儿，
我爸爸越谈越高兴，
说咱们家的油灯碗儿
是准备流传二百载儿，
咱得纪念这个油灯碗儿，
我给编段小快板儿，这个节目就这么点儿。

训练提示

表演快板《油灯碗》这一段的时候，要注意节奏不紧不慢，叙述和表演相结合，每一个字都要说清楚。最后要模仿爸爸说话的语气。

二、语音训练

训练内容

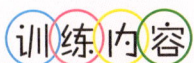

阴平（一声）音节后面的轻声音节发音训练

刀子	杯子	桌子	包子	呆子	干的	高的	黑的
尖的	宽的	吃了	飞了	翻了	疯了	扔了	生了
背着	推着	说着	缩着	压着	支着	街上	摊上
天上	山上	安上	风头	争头	跟头	丫头	

阳平（二声）音节后面的轻声音节发音训练

槽子	笛子	儿子	房子	格子	蓝的	麻的	男的
泥的	浓的	旁的	齐了	穷了	饶了	神了	拾了
熟了	停着	藏着	垂着	沿着	摇着	船上	床上
叠上	房上	缝上	扶上	停下	瞒下	年下	

上声（三声）音节后面的轻声音节发音训练

板子	本子	铲子	脑子	剪子	我的	你的	总的
小的	少的	女的	好了	饱了	惨了	反了	否了
改了	倚着	捂着	举着	躺着	晚上	早上	满上
打上	顶上	赶上	倒下	底下	解下	揽下

去声（四声）音节后面的轻声音节发音训练

帽子	凳子	胖子	骗子	票子	裤子	大的	差的
次的	断的	是的	罢了	富了	惯了	过了	坏了
见着	碰着	绕着	坐着	用着	吓着	坐下	遇上
用上	印上	套上	退下	地下	掉下	跪下

朗读练习

子曰："泰伯 qí kě wèi zhì dé yě yǐ yǐ，三以天下
ràng mín wú dé ér chēng yān
让，民无得而称焉。"

【注释】泰伯：周朝的祖先古公亶（dǎn）父的长子。古公有泰伯、仲雍、季历三个儿子，季历的儿子是姬昌，即后来的周文王。古公见孙子姬昌有圣德，想把王位不传给长子泰伯，而传给

季历，从而让姬昌能做君主。泰伯就偕同仲雍出走，把王位让给季历。 至：极致。

【大意】孔子说："泰伯，他可以说是品德最高尚的人了，三次把天下让给季历，人民简直找不到合适的语言来称赞他。（一说，泰伯让天下并隐藏功绩，人民找不到实绩来称赞他）"

三、语气＋节奏综合训练

《玩具总动员1》片段

胡迪：听着，你这光头，你给我离安迪远点儿，他是我的，告诉你谁也别想把他从我身边夺走。

巴斯光年：你胡扯些什么？太空万能胶带在哪儿？

胡迪：还有一件事，你还是别装什么太空战警了，太讨人厌。

巴斯光年：你要向星级总部提出申诉啊。

胡迪：哦啊，得了，这么说你是吃硬不吃软咯。

巴斯光年：你别想打过我，牛仔。

胡迪：哦？是吗？史泰龙？

巴斯光年：哦呀啊（很痛苦）（恍然大悟）这大气中没有毒嘛，你竟敢在一个不明的星球上打开我的头盔，我的眼珠可能会从眼窝里爆出来。

胡迪：你还真以为你就是那个，那个太空人巴斯光年吗？哈哈，我还一直以为你是冒牌货。嗨，伙计们，快看啊，这家伙是真正的巴斯光年。

巴斯光年：你在取笑我，是吗？

胡迪：哦，不不不不不，巴斯，看，外星人。

巴斯光年：在哪儿？

胡迪：啊哈哈哈哈哈。

训练提示

《玩具总动员》中小主人家境富裕，拥有一屋的玩具。其中他最爱的是牛仔玩偶胡迪，胡迪因此成为众玩具的"老大"。后来，小主人过生日时得到了一个新的玩具：太空战警巴斯光年。巴斯光年长相新奇，功能先进，令小主人爱不释手，威胁到了胡迪的地位。因此，胡迪和巴斯光年发生了矛盾。为这段话配音的时候，要准确把握人物的心理，注意两个人物在吵架时的语气和说话节奏。

第五级

第八课

第九课

一、语言感受

小放牛

艳阳天,
风光好,
风和日暖真逍遥。
红的花,
绿的草,
杨柳树下有小桥,
小桥底下老公公把小船摇。
这一边,
兄弟姐妹把风筝放得高;
那一边,
小三小四坐在河边把鱼钓。
我牧童,
穿布鞋,
戴草帽,
还把那把横笛插在腰。
我不免把那牛儿放到山上
去吃草,去吃草!

训练提示

表演快板《小放牛》的时候，注意把握好节奏，叙述和表演要结合起来。同学们要把风和日暖的天气、逍遥闲适的小牧童形象用声音表现出来。

二、语音训练

训练内容

在普通话中，由于词义、词性的不同，或由于感情表达的需要，一个词的几个音节会产生轻重差异，这就是词的轻重音格式。轻重音可分为重、中、轻三种。短而弱的称为轻，长而强的称为重，介于中间的称为中。

双音节词的轻重格式：

（1）中重格式，读时第二个音节比第一个重些、长些。

图画　国际　水平　飞机　语言　工厂　军队　实现
人民　大会　广播　刻苦　满意　革命　动员　年轻

（2）重中格式，读时第一个音节比第二个重一些，长一些。

柔和　突然　责任　嗅觉　作家　温度　视觉　经验
战士　观点　作家　冬季　绝对　消息　干部　读者

（3）重轻格式，第二个音节又短又弱，读轻声。

弟弟　去吧　拿来　出去　清楚　舒服　玻璃　任务
丈夫　跟头　讲究　月亮　告诉　相声　动静　豆腐

朗读练习

曾子有疾，召门弟子曰："启予足，启予手。诗云：'战战兢兢，如临深渊，如履薄冰。'而今而后，吾知免夫，小子。"

【注释】启：开。 小子：称呼弟子们。

【大意】曾子病重，召学生们到床前说："掀开被子看看我的脚！看看我的手！《诗经》说：'战战兢兢，像面临深渊，像脚踩薄冰。'从今往后，我知道自己身体可以免于毁伤了！弟子们！"

曾子曰："以能问于不能；以多问于寡；有若无，实若虚，犯而不校；昔者吾友尝从事于斯矣。"

【注释】校：计较。 吾友：我的朋友。有观点认为，此处指的是颜回。

【大意】曾子说："有才能而向没有才能的人请教，自己见识多却向见识少的人请教；有学问像没有学问一样，知识充实像不充实一样，被别人冒犯也不计较，过去我的朋友曾经这样做过。"

三、语气＋节奏综合训练

《大闹天宫》片段

虾兵：大王，大，大王！外面有一妖猴，闯进宫来！……

龙王：给我轰了出去！

猴王：老邻居！老邻居！

龙王：嗷！我当何事！

猴王：俺老孙就住在花果山上，只因手中缺少趁手的兵器，特地来此向您借一件使用！

龙王：我当什么事，原来如此，虾将军，拿一根枪来给他！

猴王：这叫什么兵器？！

龙王：把那把三千六百斤重的大环刀拿来！

猴王：轻，太轻！

龙王：轻？要重的，有，就怕重了一点！来人呐，快把那七千二百斤的方天戟抬来给他试试！

猴王：还是轻了！再拿一个重点儿的来！

龙王：大仙法力大无穷，我这里实在没有再重的兵器了！

猴王：在你这么大的东洋大海，连件趁手的兵器也找不到吗？

龙王：大仙跟我去看！

龙王：大仙请看！

猴王：这是什么？

龙王：这宝贝大有来历，这是禹王治水时，留下来的一根定海神针。大仙要是拿得动，就送给大仙！

训练提示

这段台词选自动画片《大闹天宫》，其故事背景是在花果山带领群猴操练武艺的猴王因无称心的武器，到东海龙宫借宝。龙王许诺，如果猴王能拿动龙宫的定海神针——如意金箍棒，就奉送给他。为这一段配音的时候，同学们要通过有声语言表现出猴王的得意不凡，同时，也要表现出龙王傲慢转惊讶的语气。

第十课

一、语言感受

训练内容

两头忙

高高山上两间房,
这一家姓李那家姓张。
张家有个大公子,
李家有个大姑娘。
他们两家门当户又对,
商商量量拜了花堂。
正月里提的媒二月里娶,
三月生了一个小儿郎。
四月会爬,五月会走,
到了六月里送到南学念文章。
七月进京去赶考,
八月得中状元郎。
九月领凭去上任,
十月告老还家乡。
你说这辈子过多快,
还没喝饺子汤。
众位要问什么小段儿,
起名就叫两头忙。

训练提示

表演快板《两头忙》的时候，要注意节奏不紧不慢，以叙述为主。这个快板小段略有点荒诞，要表现出这种荒诞不经的味道。

二、语音训练

训练内容

三音节词的轻重格式：

（1）中中重格式，读时第三个音节比第一个、第二个重些、长些。

白兰地　抛物线　马后炮　风景线　赞美诗　踩高跷
三字经　短平快　檀香扇　年夜饭　立交桥　中华烟
垂杨柳　石拱桥

（2）中重轻格式，读时第二个音节比第一个重一些，长一些，最后一个音节又弱又短。

电烙铁　糖葫芦　扭秧歌　癞蛤蟆　找麻烦　车轱辘
说笑话　软骨头　卷铺盖　秋庄稼　小便宜　鬼主意
戴帽子　胡萝卜

（3）重轻轻格式，第二个、第三个音节又短又弱，读轻声。

拨浪鼓　泡泡糖　蘑菇云　犯不着　走着瞧　裁缝铺
扫帚星　豆腐渣　筒子楼　娘娘腔　喇叭花　芝麻官
差不多　势利眼

朗读练习

子曰："兴于诗，立于礼，成于乐。"

【注释】兴：兴发，激励。

【大意】孔子说："用《诗经》激励志气，用礼仪作为立身的准则，用音乐涵养人的性情。"

子曰："民可使由之，不可使知之。"

【注释】由：听从，顺从。

【大意】孔子说："老百姓，可以使他们顺着当政者指点的路走，不可以使他们知道为什么这样走。"

子曰："好勇疾贫，乱也；人而不仁，疾之已甚，乱也。"

【注释】疾：厌恶，憎恨。 已甚：太过分。

【大意】孔子说："勇敢却厌恶贫穷，会出乱子。对于不仁的人，太过于厌恶他，也会出乱子。"

三、语气＋节奏综合训练

《爱宠大机密》片段

杜老大：麦克，我看起来怎么样？

麦克：毛特别亮。

杜老大：（不停地嗅）那闻起来呢？

麦克：闻起来挺像狗的，放轻松点。

杜老大：啊！就是这儿了。

麦克：好吧，去吧。去挠门叫人。

杜老大：你还记得香肠工厂吗，有意思吗，麦克？

麦克：你在故意拖时间？

杜老大：没有，你怎么会这么想，我觉得我们得针对你这个想法好好谈谈。

麦克：老杜，你有什么好紧张的，你的主人看到你会乐疯的。

杜老大：好吧。啊。他新买了辆车。

（猫从罐子里出来，吓杜老大一跳）

猫：需要帮忙吗？

杜老大：不用，没事，谢谢。

猫：你们有事！脏兮兮的，马上离开我的草坪，免得我染上那些脏东西。

杜老大：这是我的草坪！

麦克：算了，要不我们走吧。

杜老大：为什么？为什么弗雷德会养一只猫？他特别讨厌猫。我很开心，他不喜欢猫。

猫：弗雷德？那个老头？他嘛，他过世了。

麦克：老杜，也许我们不该来这儿，我们还是走吧。

杜老大：你撒谎，麦克，猫咪就喜欢撒谎，千万别上当了。

训练提示

　　这段台词发生在麦克和杜老大去找以前的家的时候。麦克和杜老大找到了杜老大以前的家，可是杜老大很紧张，而麦克鼓励它进去。它们进去时，在草坪上见到一只猫，猫告诉它们，杜老大以前的主人已经过世了。在为这段话配音的时候，注意杜老大这个角色的感情很丰富，一定要把握好这种紧张、难过、不相信等多种情绪的语气和说话的节奏。

第十一课

一、语言感受

训练内容

西游记

唐僧骑马噔哩个噔,
后面跟着个孙悟空,
孙悟空眼睛亮,
后面跟着个猪八戒,
猪八戒鼻子长,
后面跟着沙和尚,
沙和尚敲着锣,
后面跟着个老妖婆,
老妖婆,心最坏,
骗了唐僧猪八戒,

唐僧八戒真糊涂，
是人是妖分不出，
分不出，上了当，
多亏孙悟空眼睛亮，

眼睛亮，放金光，
转身掏出金箍棒。
金箍棒，有力量，
妖魔鬼怪消灭光！

训练提示

表演快板《西游记》的时候，要注意把控节奏，做到有板有眼，以叙述为主，引人入胜。

二、语音训练

训练内容

四音节词语的轻重格式：

（1）中重中重。大部分的四字成语要读成中重中重。

丰衣足食　日积月累　轻歌曼舞　心平气和　无独有偶
五光十色　天灾人祸　年富力强　耳濡目染　枪林弹雨
奇装异服　花好月圆　赴汤蹈火　移风易俗　独断专行
根深蒂固　龙飞凤舞　鹤发童颜

（2）中轻中重。大部分四音节的专用名词、叠音形容词和象声词要读作中轻中重格式。其中四音节专用名词的第二个音节只比第一个音节稍轻，不可失去原声调。

社会主义　集体经济　化学工业　巴黎公社　南京大学

最后通牒　奥林匹克　慢慢腾腾　高高兴兴　模模糊糊
亮亮堂堂　跌跌撞撞　整整齐齐　清清楚楚　大大方方
和和美美　叮叮咚咚　嘻嘻哈哈　噼噼啪啪　稀里哗啦

（3）重中中重。大部分具有修饰与被修饰、陈述与被陈述、支配与被支配关系的四字格式成语，及一三格式组成的成语要读作重中中重格式。

惨不忍睹　义不容辞　敬而远之　诸如此类　相形之下
一扫而空　面如刀削　美不胜收

朗读练习

子曰："如有周公之才之美，使骄且吝，其余不足观也已。"
（zǐ yuē　rú yǒu zhōu gōng zhī cái zhī měi　shǐ jiāo qiě lìn　qí yú bù zú guān yě yǐ）

【注释】吝：吝啬，小气。

【大意】孔子说："即使一个人有周公那样好的才德，如果骄傲并且吝啬，那么，其他的方面也就不值得一看了。"

子畏于匡，曰："文王既没，文不在兹乎？天之将丧斯文也，后死者不得与于斯文也；天之未丧斯文也，匡人其如予何？"

【注释】畏：受到威胁，被拘禁。　匡：地名。孔子从卫国去陈国经过匡地，匡地曾受到鲁国季氏家臣阳虎的掠夺和侵扰，孔子的相貌与阳虎相像，被误认作阳虎而受到拘禁。　没（mò）：死。　文：指礼乐、法度、教化等传统文化。　后死者：孔子自称。　与：参与。

【大意】孔子被拘禁在匡这个地方，他说："周文王已经死了，周代的礼乐文化不都体现在我的身上吗？若是天要毁灭这种文化，那我就不可能掌握这种文化了。若是上天不想毁灭这种文化，那么匡人又能拿我怎么样呢？"

三、语气＋节奏综合训练

《花木兰》片段

木兰父：我决心为国尽忠。

花木兰：爹爹你不能去！

木兰父：木兰！

花木兰：大人求求您了，我爹他已经为国家效劳一辈子。

官员：住嘴，你应该好好管教一下你的女儿，男人说话哪容她插嘴。

木兰父：木兰，别让我丢脸。

官员：明天正午军营报道。

木兰父：是，大人。

花木兰：你不应该去，有那么多年轻人可以为国上战场。

木兰父：保家卫国是我们义不容辞的责任和光荣。

花木兰：可你不想想你受伤的腿？

木兰父：我心甘情愿为正义献身。

花木兰：可万一……

木兰父：我知道该怎么做，你不要再跟我多嘴了。

训练提示

　　汉朝时期,北方匈奴来犯,国家大举征兵,花木兰年迈的父亲被征召上战场,伤心的花木兰害怕父亲会一去不返,就劝阻父亲不要去。这段动人的对话正是在这一情况下发生的。配音的时候,同学们要把父亲保家卫国的决心,以及木兰担心父亲的心情表现出来。

第十二课

一、语言感受

吹牛皮

那一年我到了郊区,
瞧见了一个蛐蛐跟蝈蝈他俩跟那儿吹牛皮,
蝈蝈说我在南山一口吃了一只斑斓虎,
蛐蛐说我在北山两口吃了三头骆驼两头驴,
蝈蝈说我卷卷须子拔倒了万年的大松树,
蛐蛐说我这一伸腿踹倒了高山变了平地了,
蝈蝈说那飞禽走兽数我管,
蛐蛐说也不论天上飞的地下跑的河里凫的草窠里蹦的我都给他们立规矩……
正当这两个家伙在这儿说大话,
猛听的在那正东方这个咕咕咕咕咯咯咯咕噜噜噜飞来了一只芦花大公鸡,

您说这个公鸡有多愣,
喤地一口先把那蝈蝈吞在那肚子里了,
小蛐蛐一见有了气,
开言有语骂公鸡,
我说公鸡呀,
你不该在那南山吃了我的亲娘舅,
北山吃了我的姑姑姨,
四两的棉花你纺一纺,
蛐爷爷不是好惹的!
今天你碰在了我的手,
咱俩得分个上下与高低,
小蛐蛐越说越恼越有气,
蹬蹬腿,磨磨牙,捋捋须,
往前一蹦,也喂了鸡了。

训练提示

表演快板《吹牛皮》的时候，要注意叙述和表演相结合，表现出蝈蝈和蛐蛐的不自量力，最后说到两只小虫结局的时候，要用语言表现出可悲可笑的感觉。

二、语音训练

训练内容

一条清澈见底的小溪，终年潺潺地环绕着村庄。溪的两边，种着几棵垂柳，那长长的柔软的柳枝，随风飘动着。婀娜的舞姿，是那么美，那么自然。有两三枝特别长的，垂在水面上，画着粼粼的波纹。当水鸟站在它的腰上歌唱时，流水也唱和着，发出悦耳的声音。

（节选自谢冰莹《小桥流水人家》）

松鼠不躲藏在地底下，经常在高处活动，像鸟类似的住在树上，满树林里跑，从这棵树跳到那棵树。它们在树上做窝，摘果实，喝露水，只有树被风刮得太厉害了，才到地上来。在田野里，在平原地区，是找不到松鼠的。

它们从来不接近人的住宅,也不待在小树丛里,只喜欢大的树木,住在高大的树上。

(节选自布丰《松鼠》)

训练提示

要想把每个词说得清楚,就必须掌握词的轻重格式。但是,词的轻重格式不是固定的,所以在读文章的时候我们往往会遇到原来的轻重格式被改变的情况,这也是正常的,同学们要灵活掌握。

朗读练习

达(dá)巷(xiàng)党(dǎng)人(rén)曰(yuē):"大(dà)哉(zāi)孔(kǒng)子(zǐ)。博(bó)学(xué)而(ér)无(wú)所(suǒ)成(chéng)名(míng)。"子(zǐ)闻(wén)之(zhī),谓(wèi)门(mén)弟(dì)子(zǐ)曰(yuē):"吾(wú)何(hé)执(zhí)?执(zhí)御(yù)乎(hū),执(zhí)射(shè)乎(hū),吾(wú)执(zhí)御(yù)矣(yǐ)。"

【注释】达巷党人:达巷那个地方的人。达巷,地名,今山东兖州一带。一说达巷党人是指项橐(tuó),传说项橐七岁为孔子师。

【大意】达巷那个地方的人说:"孔子真伟大呀!学问广博,可惜没有足以成名的专长。"孔子听说后对学生们说:"我干什么呢?赶马车吗?做射手吗?我赶马车吧。"

三、语气 + 节奏综合训练

《哆啦A梦伴我同行》片段

大熊:请慢用。

世修:麻烦你了。

大熊:我知道你们来一趟挺不容易,可我还是不太明白,你说你是我的孙子。

世修:正确地说是你孙子的孙子,应该是你后面的第四代孙子。

大熊:我还是个小孩儿呢,小孩儿怎么会有孙子?

哆啦A梦:啊啊哈,好吃,这是什么东西啊?

大熊:这个叫铜锣烧。

哆啦A梦:原来是铜锣烧啊,我还从来没有吃过这么好吃的东西呢。

世修:总之呢,曾曾祖父,总有一天你会长大成人吧,再然后你会结婚吧?

大熊:是呢。

世修：当然呢，就在19年后。

大熊：真的吗？我妻子是什么样的？

世修：我看看，这是你的结婚照，她的名字叫胖妹。

大熊：啊！胖妹。

世修：然后你婚后的生活是这样。

大熊：这个肥婆……居然是我的妻子……走开，快出去，我不相信你们！

训练提示

野比世修（大熊的曾曾孙子）送哆啦A梦到现代，打算改变大雄的未来。这一段台词是大雄、世修、哆啦A梦的对话，主要角色是大雄、世修。配音的时候，要把世修的聪明睿智表达出来，也要表现出大雄那丈二和尚摸不着头脑的样子，以及惊慌害怕的状态。

第六级训练目的

● 即兴口语训练目的

  通过训练学生的即兴口语,提高学生概括信息、抓取重点的能力,以及思维能力、口语表达能力。

● 语音训练目的

  1. 掌握"一""不"的变调规律。

  2. 通过口部操学习,有效加强唇部、舌部的肌肉力量,提高唇舌的灵活度。

  3. 掌握气息控制的要领和方法,学会气息控制,进行呼吸控制训练。

● 情声气结合训练

  通过小说演播、影视剧配音的训练,让学生明白情声气三者呼应是获得良好声音的关键,同时提高学生情声气三者结合运用的能力。

第一课

一、即兴口语

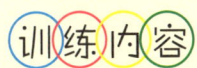

介绍一本书 ——《三国演义》

【示例】大家好！我介绍的一本书是罗贯中的《三国演义》。因为它使我懂得了许多道理，在此，我打算把《三国演义》推荐给大家。

这本书主要讲了汉末到三国时期的社会斗争和社会生活。其中，"三顾茅庐"这个小故事我很喜欢，给大家讲讲！水镜先生司马徽向刘备推荐了诸葛亮，刘备和关羽、张飞第一次带着礼物去拜访诸葛亮时，他不在家，只有书童出来迎接。关羽很生气，但是刘备胸怀宽广，劝说关羽下次再来。刘备第二次冒着大风雪去请诸葛亮，不料诸葛亮又外出闲游了。张飞气得要烧了诸葛亮的家，但是刘备很讲义气，只留

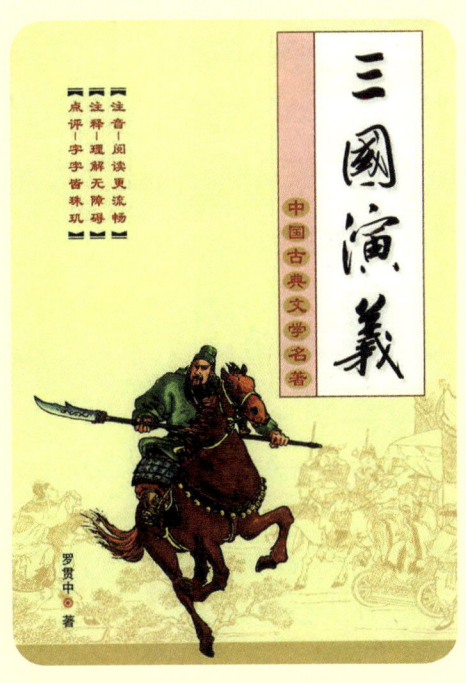

下了一封信，说下次再来。刘备第三次去拜访诸葛亮时，诸葛亮在家，却正在睡觉，刘备不让书童惊动他，只是静静地在一旁等候。关羽、张飞耐不住性子，要杀诸葛亮，被刘备小声喝住。最后，诸葛亮被刘备的诚意所感动，终于答应为刘备效力。这就是"三顾茅庐"的故事。通过这个小故事，我感到刘备的胸怀宽广、为人仗义。

类似的故事，《三国演义》里还有很多。另外，我还了解了很多歇后语的出处，比如"徐庶进曹营——一言不发"讲的是徐庶身在曹营心在汉；"周瑜打黄盖——一个愿打，一个愿挨"讲的是黄盖运用苦肉计假装降曹的事情……

同学们，听完我的介绍，你一定很想读读这本书吧！

训练提示

这段口语表达语言并不华丽，但是内容充实，演讲者运用一个小故事向我们推荐了《三国演义》，窥一斑而知全豹，一个小故事都这么精彩，这本书也不会差。这种以小见大的方法值得我们学习。学生可以按照上述介绍的方式，介绍四大名著中的另外一本经典著作《西游记》。

二、语音训练

训练内容

"一"的本调是一声，它在单独使用、用在词句末尾或作为序数"第一"的省略时，仍读一声。例如：一、二十一、第一、初

一、一班。

在下面几种情况下，"一"会发生变调现象：

在去声（四声）前念阳平（二声）。

例如：一样　一下子　一座　一位　一次　一块儿
一气　一律　一共　一旦　一样　一再　一定　一路
一道　一切　一半　一概

在非去声字前念去声（四声）。

例如：大吃一惊　一般　一年　一门　一口　一起
一种　一心　一身　一杯　一边　一根　一同
一旁　一直　一时　一齐　一盒　一本　一手
一统　一准　一体

变调练习

　　火团远落，遇到可以燃烧的东西，整个的再点起一把新火，新烟掩住旧火，一时变为黑暗；新火冲出了黑烟，与旧火联成一气，处处是火舌、火柱，飞舞，吐动，摇摆，颠狂。忽然哗啦一声，一架房倒下去，火星、焦炭、尘土、白烟，一齐飞扬，火苗压在下面，一齐在底下往横里吐射，像千百条探头吐舌的火蛇。

（节选自老舍《我这一辈子》）

训练提示

　　这段文字中有很多"一"，同学们在读这一段的时候，要注意一的变调。

第六级　第一课

朗读练习

cháo　　yǔ xià dà fū yán　　kǎn kǎn rú yě　　yǔ shàng dà fū yán
朝，与下大夫言，侃侃如也；与上大夫言，
yín yín rú yě　jūn zài　cù jí rú yě　　yú yú rú yě
訚訚如也。君在，踧踖如也，与与如也。

【注释】朝：上朝，君主还没有到来时。　下大夫：周代诸侯以下是大夫。大夫的最高一级是上大夫，即卿，地位次于上大夫的是下大夫。孔子当时的地位相当于下大夫。　侃侃：说话和乐从容。　訚訚：中正有诤。和颜悦色，尽言相诤。　踧踖：恭敬而不安的样子。　与与：漫步走，徐徐的样子。

【大意】上朝时，君主还没有来，孔子与下大夫说话和乐从容，与上大夫谈话和颜悦色，中正有诤。君主到来后，恭敬而又不安，谨慎地徐徐而行。

jūn zhào shǐ bìn　　sè bó rú yě　　zú jué rú yě　　yī suǒ yǔ
君召使摈，色勃如也，足躩如也；揖所与
lì　zuǒ yòu shǒu　yī qián hòu　chān rú yě　qū jìn　yì rú yě
立，左右手，衣前后，襜如也；趋进，翼如也；
bīn tuì　bì fù mìng　yuē　　bīn bù gù yǐ
宾退，必复命，曰："宾不顾矣。"

【注释】摈：同"傧（bìn）"，古代负责接待宾客的官员。勃如：脸色庄重矜持。　躩如：快步走，不像平素走路那样随意、随便。　襜如：衣服整齐的样子。　翼如：像鸟儿舒展翅膀一样。顾：回头。

【大意】君主召孔子做接待使者的傧相，孔子脸色变得庄重，脚步加快；向一同站着的左边、右边人作揖时，衣服前后摆动，却很整齐；快步走向前时，像鸟儿展翅。宾客走了之后，他必定向国君汇报："宾客已经不回头看了。"

三、情声气结合训练

训练内容

在凌霄殿前面，如来佛把悟空叫住了，"大胆的猴头，快住手！"

悟空叉着腰大叫："哪来的赖头和尚，还管俺老孙的事？"

"我是西天如来佛祖，你这泼猴，为什么要大闹天宫！"

悟空眨眨眼睛，"凡间天地太小了，容不下俺老孙，我让玉帝老儿让一让，嘻嘻，我来当玉皇大帝！"

"我不信，你要是能翻出我的手心，我就叫玉帝给你让位，要是翻不出去，就得乖乖受罚！"

悟空驾起筋斗云，呲，呲，呲！立刻消失得无影无踪。

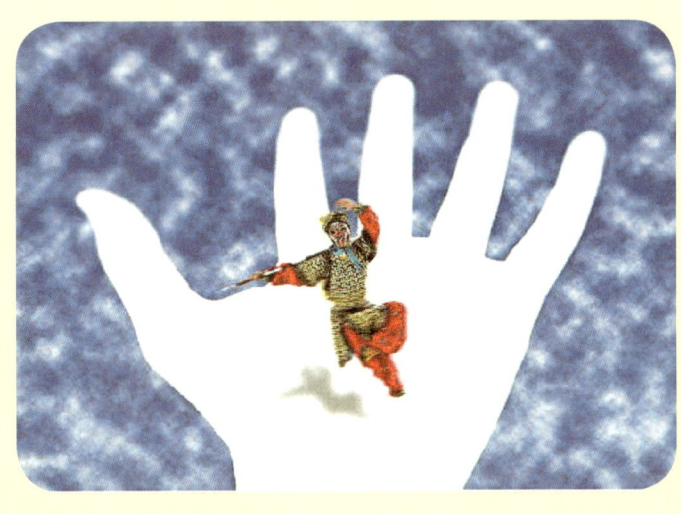

悟空看到前面有五根高大的红柱子，就落下云头，围着柱子左摸摸右转转，心想这一定是到了天的尽头，我在这小解一下，也好留个记号。他拔下毫毛，在中间那根柱子上写下"齐天大圣到此一游"几个字，又朝四周看了看，在第一根柱子旁边"唰"撒了泡尿。悟空又一个筋斗翻了回来，对佛祖叫道："怎么样？你都看到了吧，你叫玉帝给我让位吧！"

"哼，你这泼猴，就这点本事还敢逞能，你低头看看。"

悟空低头一看，原来佛祖中指上写着"齐天大圣到此一游"几个字，大拇指上还有尿骚味呢！

如来把手掌一翻，顿时，就像山崩地裂一样，悟空跌出西天门外，被压在五行山下，如来还在山上贴了张字符让他永远逃不出去，并告诉孙悟空说："我要把你在这压上五百年磨磨你的野性，五百年后你的师父会来救你，他会教你懂礼貌、守规矩！"

（节选自《西游记》）

训练提示

以上内容讲的是如来佛把大闹天宫的孙悟空镇压在五行山下的故事。演播这段小说的时候，要把孙悟空那种谁都不放在眼里的傲气表现出来，如来佛则要表现出气定神闲、掌握一切的样子。播讲时，用声力求生动、自然，通过用声技巧凸显人物性格。

一、即兴口语

训练内容

介绍一本书——周国平的《妞妞》

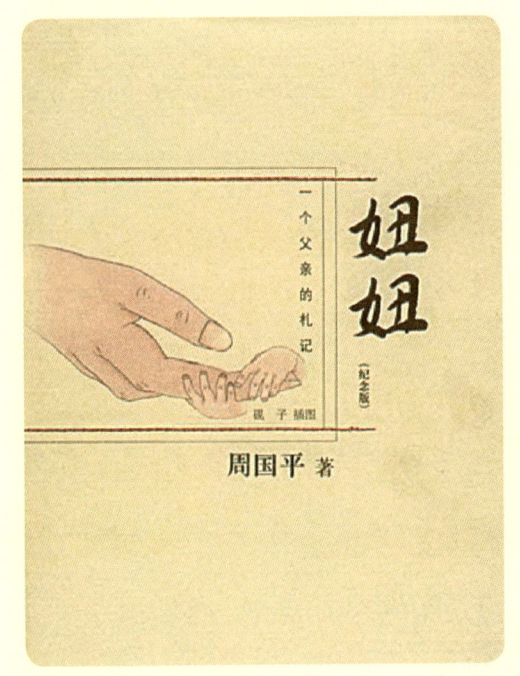

训练提示

  为了更清楚地理解《妞妞》中的内容，同学们要提前通读这本书，对书有一个全面的了解。再想想从哪些方面来做介绍，比如这本书的经典语录，这本书作者的趣闻和经历。也可以选取书中最打动人的章节给大家朗读。口语表达方面要求普通话标准，语言力求简洁、重点突出。

二、语音训练

"一"的变调规律。

夹在重叠动词中间时念轻声。

例如： 试一试　想一想　看一看　唱一唱　跳一跳
跑一跑　去一去　说一说　笑一笑　来一碗
蹦一蹦　走一走　耍一耍　尝一尝

用在动词、形容词与量词中间一般也读轻声。

例如： 去一趟　认识一下儿　好一点儿　贵一些

> **变调练习**
>
> 　　一帆一桨一叶舟，一个渔翁一钓钩。
> 　　一俯一仰一顿笑，一江明月一江秋。
> 　　　　　　　　　　——〔清〕陈沆
>
> 　　一蓑一笠一渔舟，一个渔翁一钓钩。
> 　　一拍一呼还一笑，一人独占一江秋。
> 　　　　　　　　　　——〔清〕纪晓岚
>
> 　　一蓑一笠一髯叟，一丈长竿一寸钩。
> 　　一山一水一明月，一人独钓一海秋。
> 　　　　　　　　　　——刘绩臣

训练提示

这三首小诗里都有很多"一"字,同学们读的时候需特别注意读音。

朗读练习

食不厌精,脍(kuài)不厌细。食饐(yì)而餲(ài),鱼馁(něi)而肉败不食,色恶不食,臭(xiù)恶不食,失饪不食,不时不食。割不正不食,不得其酱不食。肉虽多,不使胜食气。惟酒无量,不及乱。沽酒市脯不食。不撤姜食,不多食。

【注释】脍:细切的鱼肉。 饐而餲:食物放久变质了。 馁:鱼腐烂不新鲜了。 败:肉腐烂不新鲜了。 恶:不好,变坏。 臭:气味。 饪:烹调。 不时:不到吃饭的时间。一说,不到成熟时间的果实;另一说,不吃过期的不新鲜的蔬菜。 气:粮食。

【大意】饭食不嫌做得精,鱼肉不嫌切得细。粮食变质了、鱼不新鲜了、肉腐烂了,不吃。颜色变坏了,不吃。气味不好,不吃。烹调不当的饭,不吃。不到该吃饭的时间,不吃。不是按一定方法宰割的肉,不吃。酱醋放得不得当,不吃。肉虽多,但吃它不该超过主食。唯有酒没有限量,但不要喝醉。买来的酒肉,不吃。

可以吃姜，但不宜多吃。

三、情声气结合训练

训练内容

雨"沙沙沙"打在竹叶上，然后从缝隙中滴落到他的秃头上。他用手摸了摸头，一脸沮丧地朝河上望着。水面上，两三只羽毛丰满的鸭子，正在雨中游着，一副很快乐的样子。

秃鹤捡起一块瓦片，砸了过去，惊得那几只鸭子拍着翅膀往远处游去。秃鹤又接二连三地砸出去六七块瓦片，直到他的瓦片再也惊动不了那几只鸭子，他才罢手。他感到有点凉了，但直到上完一节课，他才哆哆嗦嗦地走向教室。

晚上回到家，他对父亲说："我不上学了。"

"有人欺负你了？"

"没有人欺负我。"

"那为什么说不上学？"

"我就是不想上学。"

"胡说！"父亲一巴掌打在了秃鹤的头上。

秃鹤看了父亲一眼，低下头哭了。

父亲似乎突然明白了什么。他转身坐到灯光照不到的阴影里的一张凳子上，随即，秃鹤的秃头就映出了父亲手中忽明忽暗的烟卷的亮光。

第二天，父亲没有逼秃鹤上学去。他去镇上买回几斤生姜：有人教了他一个秘方，说是用生姜擦头皮，七七四十九天，就能长出头发来。他把这一点告诉了秃鹤。秃鹤就坐在凳子上，一声不吭地让父亲用切开的姜片，在头上来回擦着。父亲擦得很认真，像一个想要让顾客动心的铜匠在擦他的一件青铜器。秃鹤很快就感到了一种火辣辣的刺痛。但秃鹤一动不动地坐着，任由父亲用姜片去擦着。

（节选自曹文轩《草房子》）

训练提示

这段文字选自著名儿童文学作家曹文轩的《草房子》。秃鹤是《草房子》中的一个主要人物，他因为不长头发，经常被同学们"戏弄"，自己也觉得很自卑，不想读书了，于是发生文中的故事。播讲时，用声力求生动、自然。叙述语言在平稳中通过语言快慢高低的变化表现出人物的情感变化。与此同时，还要通过丰富、娴熟的用声技巧，塑造出个性鲜明的人物形象。

一、即兴口语

训练内容

介绍一本书——海明威的《老人与海》

训练提示

在介绍作家海明威的《老人与海》之前，同学们要通读一下这本书，不清楚的地方可以询问老师或者自己去查资料，了解这本书的相关内容，并对这些内容烂熟于心。再想想介绍的时候用什么方式，是给大家读一些精彩片段，还是给大家讲一些书里的经典语录?要求在介绍这本书的时候,既简单概括书里的内容,又把书里传递的宝贵精神阐述出来。口语表达方面要求普通话标准,力求简洁、重点突出。

二、语音训练

训练内容

"不"的本调是四声,它在单独使用、用在词句末尾或用在非四声字前时,仍读四声。

例如: 不高 不知道 不同 不习惯 不瞒你说

不少 不好 不满意

在下面几种情况下,"不"会发生变调现象:

(1) 在四声字前念二声

例如: 不要 不错 不是 不再 不跳 不适 不配

不便 不过 不幸 不够 不屑 不当 不备

不必 不测 不快 不愧 不力 不料 不妙

(2) "不"夹在词语中间时念轻声

例如: 去不去 行不行 走不走 看不见 吃不完

能不能 会不会 贵不贵 认识不认识

变调练习

不负众望　不偏不倚　不痛不痒　不尴不尬　不破不立

不闻不问　不管不顾　不屈不挠　不折不扣　不哼不哈

不三不四　不卑不亢　不声不响　不言不语

最近我到阿里山去游玩，路边见到那株"神木"，据说有三千年了，比起庄子所说的"以八千岁为春，八千岁为秋"的上古大椿还差一大截子，总算有一把年纪，可是看那副形容枯槁的样子，只是一具枯骸，何神之有！我不相信"枯树生华"那一套。我只能生出"树犹如此，人何以堪"的感想。

（节选自梁实秋散文《树》）

朗读练习

子路问："闻斯行诸？"子曰："有父兄在，如之何其闻斯行之？"冉有问："闻斯行诸？"子曰："闻斯行之。"公西华曰："由也问闻斯行诸，子曰有父兄在；求也问闻斯行诸，子曰闻斯行之。赤也惑，敢问。"子曰："求也退，故进之；由也兼人，故退之。"

【注释】斯：代词，指听到的道理等。　兼人：指刚勇能干，一个人顶得上两个人。

【大意】子路问孔子："听到有道理就马上去做吗？"孔子说："父亲和哥哥还活着，怎能听到就去做呢？"冉有问："听到有道理就马上去做吗？"孔子说："听到就做。"公西华说："仲由问'听到就做吗',您说'父亲和哥哥还活着'。冉求也问'听到就做吗',您说'听到就做'。我很困惑,大胆地问您为何回答不同。"孔子说:"冉求做事畏缩不前,所以这样说,以使他勇于进取;仲由做事一个人顶得上两个人,所以这样说,以便约束他,使他慎重。"

子张问善人之道,子曰:"不践迹,亦不入于室。"

【注释】践:踩。

【大意】子张问孔子什么是善人之道。孔子说:"善人如果不踩着前人的脚印走,其学问和道德也就难以修养到家。"

三、情声气结合训练

训练内容

老人树起桅杆,挂起风帆,开始往回划!他估计这鱼足有一千五百多磅,如果净得三分之二,卖三角钱一磅,该赚多少钱啊!谁知死鱼的血水招来了鲨鱼。这是一条巨大的鲨鱼,它顺着船的航线飞快地游来。老人看见鲨鱼到来,准备好渔叉。鲨鱼飞快地逼近船尾,张开大嘴,猛力朝那鱼的尾巴咬去,这一口咬去了大约四十磅。老人把渔叉朝鲨鱼的头刺去,鲨鱼在海里翻滚过去,死了,同时带走了渔叉。老头儿

不忍心朝船边的死鱼多看一眼,它已经给咬得残缺不全了。他说:"一个人并不是生来要给打败的,你尽可能把他消灭掉,可就是打不败他。"他想:"自己把鱼弄死不仅仅是为了养活自己,是为了光荣,因为你是个打鱼的。说到底,这个总要杀死那个。鱼一方面养活我,一方面要弄死我。"这时，又有两条鲨鱼向他和死鱼袭来。他拿起绑着刀子的船桨向鲨鱼的头刺去。鲨鱼死的时候还吞着它咬下的鱼肉。另一条鲨鱼在船底蹂躏（róulìn）着死鱼，老人设法使鲨鱼露出来，把刀子朝鲨鱼身上扎去。一次，两次，最后终于扎死了鲨鱼。现在那条死鱼已经成了所有鲨鱼追踪的对象。鲨鱼每一次袭击，都从死鱼身上扯去很多肉。他想："这一回它们可把我打惨了，可是我只要有桨，有短棍，有舵把，就一定要揍死它们。"鲨鱼一次又一次冲来，老人用棍子揍。晚上，鲨鱼又成群窜来，老人只见它们身上的磷光，他不顾一切地用棍棒劈去。棍棒丢了，就拽下舵把，两手抱住，一次又一次劈下去，但是鲨鱼还是从棍棒、舵把下撕咬下一块块死鱼肉。

（节选自海明威《老人与海》）

训练提示

《老人与海》是美国作家海明威的一篇中篇小说。该作品讲述了古巴的一位老年渔夫，与一条巨大的马林鱼展开搏斗的故事。这一段节选的是老人为了保住自己抓到的马林鱼，与鲨鱼搏斗的情节。播讲时，用声力求生动，语言高低起伏要大，表现出紧张感；还要通过丰富、娴熟的用声技巧，表现老人自言自语的部分。

一、即兴口语

(训)(练)(内)(容)

介绍一本书——吴敬梓的《儒林外史》

(训)(练)(提)(示)

《儒林外史》是清代作家吴敬梓写的讽刺小说，同学们可以读一读《儒林外史》（青少年版）。推荐这本书的时候，同学们可以从这几个方面考虑：这本书的主要内容；这本书的重点、难点章节；这本书最打动人的故事；这本书揭露了什么，等等。口语表达方面要求普通话标准，力求简洁、重点突出。

二、语音训练

训练内容

"一""不"变调的发音练习。

一板一眼　一唱一和　一模一样　一丝一毫　一字一板
一心一意　一问一答　一张一弛　一起一落　一上一下
一左一右　一窍不通　一丝不苟　一丝不挂　一尘不染
一蹶不振　一毛不拔　一朝一夕　一前一后　一成不变
一物降一物
不管不顾　不哼不哈　不即不离　不卑不亢　不伦不类
不三不四　不干不净　不清不楚　不言不语　不屈不挠
不大不小　不上不下　不见不散　不慌不忙　不可一世
不偏不倚　不折不扣

变调练习

其实那个唱话匣子的看见我跑进家去，当然就会在门口等着，不得到结果，他是不会走掉的。讲价钱的时候，门口围上一群街坊的小孩和老妈子。

讲好价钱进来，围着的人就会挓挓蹭蹭地跟进来，北京话叫作"听蹭儿"。

我有时大大方方地全让他们进来；有时讨厌哪一个便推他出去，把大门砰地一关，好不威风！

（节选自林海音《城南旧事》代序）

第六级　第四课

我记得写上面这段小文的时候，便曾想：为了回忆童年，使之永恒，我何不写些故事，以我的童年为背景呢？于是这几年来，我陆续地完成了本书的这几篇。它们的故事不一定是真的，但写着它们的时候，人物却不断地涌现在我眼前，斜着嘴笑的兰姨娘，骑着小驴儿回老家的宋妈，不理我们小孩子的德先叔叔，椿树胡同的疯女人，井边的小伴侣，藏在草堆里的小偷儿。

　　读者有没有注意，每一段故事的结尾，里面的主角都是离我而去，一直到最后的一篇《爸爸的花儿落了》，亲爱的爸爸也去了，我的童年结束了。那时我十三岁，开始负起了不是小孩子所该负的责任。如果说一个人一生要分几个段落的话，父亲的死，是我生命中一个重要的段落，我写过一篇《我父》，仍是值得存录在这里的……

（节选自林海音《城南旧事》代序）

训练提示

　　这两篇小文中有许多"一"和"不"的运用，训练的时候同学们要结合"一"和"不"的变调规律来朗读文章。

朗读练习

　　鲁人为长府。闵子骞曰："仍旧贯，如之何？何必改作？"子曰："夫人不言，言必有中。"

【注释】鲁人：指鲁国的当权者季氏。　长府：鲁国的国库名。

【大意】鲁国要翻修长府国库。闵子骞说："还照老样子下去会怎么样？为什么一定要翻修呢？"孔子说："闵子骞这个人平常不怎么说话，一说话，必定会很中肯。"

子曰："由之瑟，奚为于丘之门？"门人不敬子路。子曰："由也升堂矣，未入于室也。"

【注释】瑟，古代的乐器，类似琴。　升堂、入室：用来比喻学习学问的几个阶段，先入门、再升堂、后入室。

【大意】孔子说："仲由弹瑟，为什么在我这里弹呢？"所以孔子的学生们不敬重子路。孔子说："仲由么，学问已经不错了，但是还不够精深。"

三、情声气结合训练

训练内容

皮达踮起脚尖往里瞅着："那个，那个就是我弟！"

"哪个？"

"那个！"

"到底是哪个？"

"一、二、三、四……从南往北数，第六个就是我弟！"

"不是。"

"是!"

爸爸使劲趴在玻璃窗上:"一、二、三、四、五……我觉得从南往北数第八个才是你弟。哟!哭得很厉害!"

"我弟没有哭,就是我弟没有哭,那个没有哭的就是我弟!"

"不是吧?"

"是!我认识。"

爸爸掉过头来,怀疑地望着皮达:"你认识?"

"当然!"

一个护士看到了玻璃窗上有两个面孔,走过来问:"你们在看什么?"

"看我弟。我弟是十二号。阿姨,从南往北数,第六个是不是十二号?"

护士走过去,看了看牌子,又走回来,隔着玻璃窗说:"是!是十二号!对不起,请走开吧。"

"我说是我弟吧?"

"你小子怎么认识的?"

"我就认识。"

"你小子神啦!"

(节选自曹文轩《我的儿子皮卡》)

训练提示

《我的儿子皮卡》以幽默诙谐的笔调,讲述了小男孩皮卡的成长故事。这一段讲述了皮卡出生之后,爸爸和哥哥去育婴室门口看他时,发生的一段有趣的对话。演播本段时,同学们要通过丰富娴熟的用声技巧,塑造出爸爸和哥哥不同的声音,深入理解并恰当表达爸爸和哥哥当时的语气。

第五课

一、即兴口语

训练内容

介绍一部电影——《放牛班的春天》

训练提示

　　《放牛班的春天》是2004年上映的一部非常精彩的法国音乐电影，被推上各种必看电影排行榜。推荐这部电影的时候，同学们可从这几方面考虑：这部电影的主要剧情，这部电影所传达的精神内涵，这部电影最吸引人的地方，这部电影的精彩片段、经典台词。口语表达方面要求普通话标准，力求简洁、重点突出。

二、语音训练

训练内容

口部操

　　（1）口的开合联系

　　张嘴时像打哈欠（打槽牙、挺软腭），闭嘴时如啃苹果（松下巴）。练习主要是为口的开合打基础，要领是开口的动作要柔和，不要像真的打哈欠一样，两嘴角尽量向斜上方抬起，上下嘴唇稍放松，舌自然放平。需每天坚持练习50次。

　　（2）咀嚼练习

　　张开嘴咀嚼和闭上嘴咀嚼反复循环进行，口部放松，舌自然放平，反复练习。

朗读练习

子贡问:"师与商也孰贤?"子曰:"师也过,商也不及。"曰:"然则师愈与?"子曰:"过犹不及。"

【注释】师:即子张,孔子弟子。 孰:谁。 愈:胜过,更好。 与:同"欤"。

【大意】子贡问孔子:"子张和卜商,谁更好些?"孔子说:"子张过分好,卜商还不够好。"子贡说:"那么是子张更好些吗?"孔子说:"过分好和不够好是同样的。"

季氏富于周公,而求也为之聚敛而附益之。子曰:"非吾徒也!小子鸣鼓而攻之,可也。"

【注释】周公:周天子左右的公卿,如周公黑肩、周公阅等。一说,指周公旦。 "而求也"句:季氏要用田赋制度增加赋税,让冉求征求孔子意见,孔子表示反对,可冉求依季氏实行了田赋制度。

【大意】季氏比周公还富有,冉求却还在为他敛财,增加他的财富。孔子说:"冉求不是我的学生。你们可以敲着鼓去声讨他。"

柴也愚,参也鲁,师也辟,由也喭。

【注释】柴：孔子的学生，姓高，名柴，字子羔。 参：曾参。 师：孙师。 辟：偏激。 由：仲由。 喭：刚猛，莽撞。

【大意】高柴愚笨，曾参迟钝，孙师偏激，仲由鲁莽。

三、情声气结合训练

训练内容

"吉尔！"男孩说，"你这样说话公平吗？我这学期干没干过那种事情？为了那只兔子，我有没有勇敢地和卡特对着干？我有没有忍受痛苦的折磨，保守着思皮文思的秘密？我有没有……"

"我不——知道，我也不在乎。"吉尔抽泣着说道。

斯克罗布见她有点不对劲，连忙识趣地递给她一块薄荷糖，他自己也吃了一块。没过多久，吉尔就恢复了神志。

"对不起，斯克罗布，"她马上向他道歉说。"我刚才有点蛮不讲理。这学期你已经做得够好了。"

"那么，如果你做得到，就请你忘掉我上学期的所作所为吧。"尤斯塔斯说道。"那时候的我和现在的我截然不同。天呐，那时候的我简直就是个讨厌鬼。"

"不过，说实话，你那时确实挺讨厌的。"吉尔回答说。

"那么，你觉得我已经变了吗？"尤斯塔斯问道。

"不仅仅是我，"吉尔回答说，"大家也一直这么说。他们已经注意到你的变化了。昨天在更衣室埃莉诺·布莱基斯顿听见阿德拉·佩妮法瑟谈起过你。她说'有人已经控制住了斯克罗布那小子。这学期他很不服管。我们得关心关心他了。'"

尤斯塔斯打了个寒战。所有实验学校的成员都知道，被他们"关心关心"意味着什么。

刹那间，两个孩子陷入了沉默。水珠顺着月桂树叶一滴一滴滑落下来。

（节选自《纳尼亚传奇6：银椅》）

训练提示

《纳尼亚传奇第六部：银椅》是英国作家C.S.刘易斯写的儿童游历冒险小说，小说讲述的是主人公尤斯塔斯·斯克罗布和吉尔在寄宿学校被一群坏学生追赶，意外闯入了纳尼亚世界的故事。节选的这一段是吉尔被"坏同学"欺负之后难过哭泣，尤斯塔斯安慰她的片段。演播本段时，同学们要把吉尔那种小姑娘的撒娇和尤斯塔斯的憨厚可爱用语言表达出来。同时，要把最后一句环境描写用声音表达出来，起到烘托故事情节的目的。

第六课

一、即兴口语

⓪训⓪练⓪内⓪容

介绍一部电影——《长征》

训练提示

电影《长征》是1996年广西电影制片厂投拍的史诗级的电影，这部电影展现了老一辈无产阶级革命家面对敌人的重重围剿，历经千难万险最终到达陕北的故事。推荐这部电影的时候，同学们可以从这几方面考虑：这部电影的主要剧情是什么？弘扬了什么主题？有哪些打动人心的地方？这部电影有哪些精彩片段？口语表达方面要求普通话标准，力求简洁、重点突出。

二、语音训练

训练内容

唇部操

（1）喷。双唇紧闭，堵住气流，突然放开发出po音。注意不要满唇用力，把力量集中在唇的中央或三分之一处，唇齿相依，不裹唇，阻住气流，然后突然连续喷气出声，发出"popo"的音。反复练习30次。

（2）咧。顾名思义，我们要先把双唇噘起来，然后向嘴角用力，向两边伸展。反复练习20次。

（3）撇。先把双唇噘起来，然后向左歪、向右歪、向上抬、向下压，交替进行。反复练习20次。

（4）绕。双唇紧闭，噘起，然后向左转360度，再向右转360度，交替进行。这里应该注意到向左转多少圈，那么向右就应该转多少圈。可左右各转15圈。

朗读练习

颜渊问仁，子曰："克己复礼为仁。一日克己复礼，天下归仁焉。为仁由己，而由人乎哉？"颜渊曰："请问其目。"子曰："非礼勿视，非礼勿听，非礼勿言，非礼勿动。"颜渊曰："回虽不敏，请事斯语矣。"

【注释】克：克制。　复：实践，践行。

【大意】颜渊问什么是仁。孔子说："克制自己，实践礼仪就是仁。一旦做到了这一点，天下的人都会称许你是仁人了。实践仁德全靠自己，难道还能靠别人吗？"颜渊说："请问一下施行仁德要遵守原则的条目是什么？"孔子说："不符合礼的事情不看，不符合礼的事情不听，不符合礼的事情不说，不符合礼的事情不做。"颜渊说："我虽然不聪敏，也要努力实践您这番话。"

子张问明，子曰："浸润之谮，肤受之诉，不行焉，可谓明也已矣。浸润之谮，肤受之诉，不行焉，可谓远也已矣。"

【注释】浸润之谮：这里是说像水一样慢慢浸透的谗言，不易觉察。浸润，浸透，水一点点渗透进去。谮，谗言，说人的坏话。　肤受之诉：直接的诽谤，像皮肤感觉到疼痛一样的诬告。诉，诽谤。

【大意】子张问什么是明。孔子说："点点滴滴、日积月累的谗言和切肤之痛那样直接的诬告，在你这里都行不通，那么你就可以说是做到了明。暗中积累的谗言和直接的诽谤，在你这里行不通，那么你就可以算是看得远了。"

三、情声气结合训练

训练内容

一天，刮大风，小兔枕头跟着东风出了趟远门。傍晚，跟着西风回来了，领回一个大方头枕头，它大大的，鼓鼓的，结实得很。不过大方头枕头是个粗心的家伙，它占了小兔枕头的地方，还嫌不够舒服，干脆跳起来，把小兔枕头压在底下当垫脚的软棉花。但是，大方头枕头开始唱许多新曲子，大狗听了好高兴啊！

小兔枕头孤零零的，它从大方头枕头底下钻出来，找了个新地方，独自站在一边，它心里为大狗高兴，又为自己难过。

夜里，大狗睡着了，他梦见小兔枕头在梳理绒毛，整理外套，要走了。可是，他没想到梦见的东西会是真的，所以，他还在呼呼大睡。

天亮前，又刮大风了，小兔枕头轻轻地说："喀啦克拉，我走了，你会记住我吗？"大狗睡得正香，说："喀啦克拉。"

小兔枕头跟着风一起走了。风刮一阵，停一停，又刮了。就这么，它走得很远，去过世界许多地方。

有一次，一阵奇怪的风把它带过一个美丽的城市，它看见了一个奇特的博物馆，里面陈列着许多枕头：有圆的，有方的，有软的，有硬的。小兔枕头走了进去。它永远住在枕头博物馆里，但还是忘记不了大狗。它常想念大狗，一天要想好多遍。

（节选自秦文君《大狗喀啦克拉的公寓》）

训练提示

　　《大狗喀啦克拉的公寓》是儿童文学作家秦文君的小说，这本书的故事浪漫有趣，充满智慧和哲理。节选的这一段来自本书的一章"小兔枕头"，小兔枕头看到大狗有了新朋友大方头枕头，就偷偷地离开了。演播本段时，同学们要通过丰富娴熟的用声技巧，塑造出小兔枕头对大狗的不舍与思念。演播的时候要把握好温暖甜蜜中带着隐约伤感的感觉。

第七课

一、即兴口语

训练内容

介绍一部电影——《当幸福来敲门》

训练提示

电影《当幸福来敲门》是由加布里尔·穆奇诺执导,威尔·史密斯等主演的美国电影,是根据真人真事改编的。推荐这部电影的时候，同学们可以从这几方面考虑：这部电影的主要内容是什么？这部电影最打动你的地方在哪里？你从这部电影里获得什么启迪？这部电影的精彩片段、经典台词有哪些？口语表达方面要求普通话标准，力求简洁、重点突出。

二、语音训练

舌部操（一）

（1）伸。把口开大，提颧，要感觉鼻孔略微张开了一些，然后努力地把舌头往外伸，舌体集中，舌尖向前、向左右、向上下尽力伸展，伸完后再往回缩，缩到最大的程度。主要练习舌体、舌尖集中用力。反复练习15次。

（2）刮。舌尖抵下齿背，舌体用力，用上门齿的齿沿刮舌尖和舌面，使舌面能逐渐上挺隆起，反复练习15次。这一练习对于打开后声腔、纠正"尖音"、增加舌面隆起的力量很有效。口腔开度不好的同学、舌面音j、q、x发音有问题的同学可以多练习。

（3）捣。把一个像枣核一样的物体竖放在舌面上，比如一个橄榄核、一个枣核，或者一小块糖，核尖正对着前舌，用舌面挺起的动作使它翻转过来，反复进行。

朗读练习

子张问崇德辨惑，子曰："主忠信，徙义，崇德也。爱之欲其生，恶之欲其死，既欲其生，又欲其死，是惑也。诚不以富，亦祇以异。"

【注释】徙：迁移，靠近，引申为遵从。

【大意】子张问如何提高道德修养的水平和辨别是非的能力。孔子说："以忠诚守信为主，按照义去做，就可以提高道德修养水平了。爱他就希望他永远活着，厌恶他就希望他死掉。既希望他活，又希望他死，这就是迷惑。《诗经》说：'即使不是嫌贫爱富，也是因为见异思迁。'"

子曰："博学于文，约之以礼，亦可以弗畔矣夫。"

【注释】畔：同"叛"。

【大意】孔子说："广泛地学习文化典籍，用礼仪来约束自己，就可以不违背君子之道了。"

子曰："君子成人之美，不成人之恶。小人反是。"

【大意】孔子说："君子通常成全别人的好事，不促成别人的坏事。小人则与此相反。"

> zǐ zhāng wèn zhèng　zǐ yuē　　jū zhī wú juàn　xíng zhī yǐ zhōng
> 子张问政，子曰："居之无倦，行之以忠。"

【大意】子张问孔子如何从政。孔子说："坚守职位不懈怠，执行政令要忠诚。"

> jì kāng zǐ wèn zhèng yú kǒng zǐ　　kǒng zǐ duì yuē　　zhèng zhě
> 季康子问政于孔子，孔子对曰："政者
> zhèng yě　　zǐ shuài yǐ zhèng　　shú gǎn bù zhèng
> 正也。子帅以正，孰敢不正。"

【大意】季康子问孔子如何从政。孔子说："政的意思就是端正。您自己带头做到端正，谁敢不端正呢？"

三、情声气结合训练

训练内容

《阳光小美女》片段

爷爷：太好了，太好了，你的表演棒极了。好了，现在该睡个美容觉了。好了，晚安。

奥利弗：爷爷？

爷爷：嗯？

奥利弗：我有点害怕明天的比赛。

爷爷：你说什么呢？明天你会把他们全都比下去的。

奥利弗：爷爷？

爷爷：嗯？

奥利弗：我漂亮吗？

爷爷：奥利弗，你是全世界最美丽的小姑娘。

奥利弗：才不是呢，你就是哄我高兴。

爷爷：不，我没哄你，我这么爱你不是因为你聪明伶俐、讨人喜欢，而是因为你太美了，内外兼修。

奥利弗：爷爷？

爷爷：怎么了？

奥利弗：我不想当个失败者。

爷爷：你不是失败者，你怎么能认为自己是失败者呢？

奥利弗：因为爸爸讨厌失败者。

爷爷：哦，等等，等等，你知道什么是失败者吗？真正的失败者是那些害怕不会赢，所以都不肯去努力的人。你在努力，对吗？

奥利弗：嗯！是的。

爷爷：那你就不是失败者，我们明天会很好玩儿的，对吧。

奥利弗：（破涕为笑）对！

爷爷：我们让他们都滚回家去吧。晚安，亲爱的，我爱你。

训练提示

《阳光小美女》是2006年上映的一部美国家庭喜剧片。电影讲述了小主人公奥利弗要参加"阳光小美女"选美比赛，一家人陪伴她踏上寻梦之路的故事。这个配音片段讲的是奥利弗对自己不自信，爷爷安慰她。同学们在为这段台词配音的时候，要把奥利弗的不自信、胆怯表现出来，也要把握爷爷语重心长的语气。

第八课

一、即兴口语

介绍一部电影——《大圣归来》

第六级 第八课

训练提示

电影《大圣归来》在2015年暑期上映，是一部不可多得的国产动画电影。这部电影根据我国经典小说《西游记》改编。推荐这部电影的时候，同学们可以从这几方面考虑：这部电影的主要内容是什么？这部电影中你最喜欢哪个人物？这部电影的泪点在哪里？你从这部电影里获得什么启迪？口语表达方面要求普通话标准，力求简洁、重点突出。

二、语音训练

训练内容

舌部操（二）

（1）弹。先把力量集中在舌尖，抵住上齿龈，堵住呼出的气流，突然打开，爆发出te音。应该注意，舌的中纵线要用力，爆发出te时，越有力越好。反复练习15次。

（2）顶。先闭唇，用舌尖来顶左右的内颊，交替进行，左边一下右边一下。

（3）转。闭唇，把舌尖伸到口腔前庭，也就是把舌尖伸到齿唇的中间，先顺时针方向环绕360度，再逆时针方向环绕360度，交替来进行。反复练习20次。

（4）立。先把舌头自然平放在下齿槽当中，然后向左向右来回地翻立。这个练习难度较大，是为了锻炼舌头左右平衡的力量。

朗读练习

子贡问曰："何如斯可谓之士矣。"子曰："行己有耻，使于四方，不辱君命，可谓士矣。"曰："敢问其次。"曰："宗族称孝焉，乡党称弟焉。"

曰："敢问其次。"曰："言必信，行必果，硁硁然小人哉，抑亦可以为次矣。"曰："今之从政者何如？"子曰："噫！斗筲之人，何足算也？"

【注释】 弟：同"悌（tì）"，弟弟敬重哥哥。 硁硁：小石头坚硬的样子，形容固执浅薄。 斗筲：盛饭用的小竹器，以此来形容人的见识短浅，气量小。

【大意】 子贡问道："怎样才可以叫作士呢？"孔子说："自己做事时保持羞耻之心，出使外国，不辜负君主托付的使命，可以说是士了。"子贡说："请问次一等的呢？"孔子说："宗族里的人称赞他孝顺父母，乡里的人称赞他敬重兄长。"子贡说："请问再次一等的呢？"孔子说："说话一定守信用，做事一定果断，这是不问道义所在，只管贯彻自己言行的小人啊！但也可以作为再次一等的了。"子贡说："现今的从政者怎么样？"孔子说："唉！这些气量小的人算得了什么？"

三、情声气结合训练

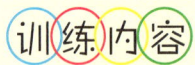

《虎口脱险》片段

油漆匠：是莫索特。

指挥家：这不用你说,我看到了。

油漆匠：要紧的是要找到环球旅馆。这你看到了吗?

指挥家：你少说废话!推我一把。

油漆匠：唉。

指挥家：不不,推车。

油漆匠：别忘了摁闸,要不又要摔下来了。

油漆匠：你怎么了?哐啷哐啷响?

指挥家：我的车链子掉了。

油漆匠：好,把车给我,我替你修一修。唉,笨手笨脚的。

指挥家：我说,呃,为了快一点,这辆坏车你来骑,我来骑你的车。

油漆匠：呃,好的。哎——我说,你这样做是第二次了,上次要我的鞋,这次要我的车。

指挥家：这个……很正常嘛!

油漆匠：啊,那好吧。啊,对不起。哎——这个怎么很正常?

指挥家：很正常,很正常,因为……

油漆匠：就因为我是手艺人，对吧？

指挥家：你说得太对了！是的。

油漆匠：那好吧。

指挥家：当然，这也不能怪你，这不能怪你。

油漆匠：老这样下去可不行，跟你这样的人出门可太倒霉了，我不干了！我受不了了！

训练提示

《虎口脱险》是一部法国的战争喜剧电影。该片讲述了二战期间，一架英国皇家空军轰炸机的几位飞行员在法国人的帮助下，与德军展开的一场场惊险紧张而又幽默滑稽的逃生故事。本课选取的片段讲的是油漆匠和指挥家帮助英国皇家空军找接头点的故事。在寻找的过程中，两个人发生了让人捧腹的故事。同学们在为这段台词配音的时候，要把握住精髓：油漆匠的傻憨和指挥家的小聪明。配音的时候，语言幅度大一点，夸张一点。

第九课

一、即兴口语

训练内容

介绍一首歌曲——《茉莉花》

训练提示

《茉莉花》是一首中国民歌，在中国及世界广为传颂。它起源于南京六合民间传唱百年的《鲜花调》，由军旅作曲家何仿汇编整理而成。推荐这首歌曲的时候，同学们可以从这几个方面考虑：这首歌创作的背景，这首歌的歌词、旋律的特点，这首歌在中国民歌界的地位。口语表达方面要求普通话标准，力求简洁、重点突出。

二、语音训练

训练内容

胸腹联合呼吸基本状态训练——慢吸慢呼训练

总体要求：双目平视前方，头正，肩放松，叹一口气将体内余气全部吐出，用闻花香、抬重物、半打哈欠等吸气感觉，从容吸气到七八分满。保持几秒后，轻缓呼出。

可以在呼气的时候加入以下练习：

在正确的基本呼吸状态下，慢吸气至八成满，然后，以大约每秒一个数的速度数数儿：1，2，3，4……中途不换气、不补气，并保证数字之间语音规整。一般持续时间30秒到40秒。

> 南园一堆葫芦，结得嘀里嘟噜，甜葫芦，苦葫芦，红葫芦，绿葫芦，好汉说不出24个葫芦。一个葫芦、两个葫芦、三个葫芦……

训练提示

数葫芦的呼吸控制及用声要求，同上面的数数儿要求一样。一般达到一口气数15个至20个葫芦即可。由于数葫芦接近说话状态，难度较大。

牧 歌

蓝蓝的天空上飘着那白云

白云的下面跑着雪白的羊群

白云的下面跑着雪白的羊群

羊群好像是斑斑的白银

洒在草原上

多么爱煞人呦

洒在草原上

多么爱煞人呦

蓝蓝的天空上飘着那白云

白云的下面跑着雪白的羊群

白云的下面跑着雪白的羊群

白云的下面跑着雪白的羊群

训练提示

这个练习是为了训练呼吸控制能力，歌唱时使用本声、中低音，接近于通俗唱法来练习。

朗读练习

zǐ yuē　　　jūn zǐ tài ér bù jiāo　　xiǎo rén jiāo ér bù tài
子曰："君子泰而不骄，小人骄而不泰。"

【大意】孔子说:"君子坦荡和泰而不骄傲凌人,小人骄傲凌人而不坦荡和泰。"

子曰:"刚毅木讷近仁。"
zǐ yuē　　gāng yì mù nè jìn rén

【注释】木:憨厚朴实。　讷:说话迟钝。指说话谨慎,少言。

【大意】孔子说:"刚强、果断、憨厚质朴、说话谨慎,做到这四点就近于仁了。"

三、情声气结合训练

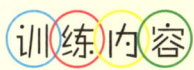

《哈利·波特与魔法石》片段

罗恩:对不起,我能坐吗?别处都坐满了。

哈利:尽管坐吧。

罗恩:我叫罗恩,罗恩·韦斯莱。

哈利:我叫哈利,哈利·波特。

罗恩:那么那是真的?我是说你真有那……那……

哈利:那什么?

罗恩:疤痕!

哈利:喔,对。

罗恩:喔,绝了。

阿姨：要不要买点什么，孩子们？

罗恩：不，谢谢，我带了。

哈利：我们全要了。

罗恩：哇哦。

哈利：上面写着比比多味豆豆。

罗恩：它有各种口味。有巧克力薄荷味的，另外还有菠菜味、牛肚味、猪肝味，乔治说他还吃到过鼻涕味儿的。

哈利：不会是真的青蛙吧？

罗恩：那得施魔法，买它其实就是要画片。每包都有大魔法师的画片。我已经搜集了500多张了。

罗恩：他跑了，真是倒霉。它们本来只能跳一次的。

哈利：是邓布利多。

罗恩：我已经有六张了。

哈利：呃，他不见了。

罗恩：他总不见得整天都待在那儿吧，对吗？

罗恩：这是我的斑斑鼠，他很可怜吧？

哈利：有一点儿。

罗恩：弗雷德教我的咒语能把它变黄，想看吗？

哈利：想。

训练提示

影片《哈利·波特与魔法石》改编于英国畅销作家J·K. 罗琳同名小说。电影讲的是哈利为了继承父母的遗志，去了教授魔法与巫术的霍格沃茨学校，并且在那里发生了很多奇妙的故事。本课选取的是哈利在去学校的路上，认识了新朋友罗恩，两个人相谈甚欢的片段。配音的时候，要把罗恩的健谈和哈利的害羞内敛表现出来。

一、即兴口语

〔训练内容〕

介绍一首歌曲——《阳光总在风雨后》

〔训练提示〕

《阳光总在风雨后》是陈佳明作词作曲、吴庆隆编曲、许美静演唱的一首歌曲。这首歌现在是中国女排的队歌。推荐这首歌曲的时候，同学们可以从这几方面考虑：这首歌曲的旋律是什么样的？歌词哪里打动你？你从这首歌里获得什么启迪？有没有感觉到振奋的力量？你的生活是不是和这首歌发生过关联？口语表达方面要求普通话标准，力求简洁、重点突出。

二、语音训练

训练内容

扩展胸腹联合呼吸基本状态训练

（1）慢吸快呼训练

保持慢吸的正确状态吸气之后，用一口气尽量说又多又快的话。可以用简单重复的绕口令来练习。

> 吃葡萄不吐葡萄皮儿
> 班干部不管班干部

（2）快吸快呼训练

练习由一般的速度开始，逐渐加快速度。气息、吐字要配合好，气息通畅不紧，吐字清晰利落，感情有起伏扬抑的变化。

> 这只虎，高着直过六尺半；
> 长着八尺还硬棒；
> 前蹿八尺惊人胆；
> 后坐一丈令人忙；
> 身上的花纹一道挨一道，
> 一道白挨着一道黄；
> 血盆口一张簸箕大；
> 俩眼一瞪像茶缸；

脑门子上有个字，

三横一竖就念王。

武松一看真有虎，

一身冷汗湿衣裳。

——节选自山东快书《武松打虎》

闲来没事出城西，树木琳琅数不齐，
一二三四五六七，七六五四三二一，六五七，
三二一，五四三二一，四三二一三二一，二一一，一个一，
数了半天一棵树，一棵树长了七个枝，七个枝结了七样果，
结的是槟子、橙子、橘子、柿子、李子、栗子、梨，
槟子、橙子、橘子、柿子、李子、栗子、梨！

（3）快吸慢呼训练

选择发音响亮的音节组成的人名，比如：阿毛、阿花、小兰、小安、小刚……假设这个熟识的"阿毛""小安"在远处，你发现了他，要喊他，迅速地抢吸一口气，然后拖长腔喊他。

朗读练习

　　　zǐ　lù　wèn　yuē　　　　　hé　rú　sī　kě　wèi　zhī　shì　yǐ　　　　zǐ　yuē
子路问曰："何如斯可谓之士矣？"子曰：
　qiè　qiè　sī　sī　　yí　yí　rú　yě　　　kě　wèi　shì　yǐ　　péng you qiè qiè sī
"切切偲偲，怡怡如也，可谓士矣。朋友切切偲
sī，xiōng dì yí yí
偲，兄弟怡怡。"

【注释】切切偲偲：互相责善的意思。　怡怡：和顺的样子。

【大意】子路问道："怎么样才可以叫作士了呢？"孔子说："互相批评，督促切磋，和睦相处，可以说是士了。朋友之间要互相督促批评，兄弟之间要亲切和气。"

zǐ yuē　　jūn zǐ hé ér bù tóng　xiǎo rén tóng ér bù hé
子曰："君子和而不同，小人同而不和。"

【注释】和、同：是春秋时的两个常用概念。和，调和，和谐，相互协调。同，相同，同一。君子能用自己的正确意见纠正别人的错误之处，与之和谐共处，但不盲从；小人则尚利同流，利益一致时盲从，利益不一致时则有冲突，不能和谐协调。

【大意】孔子说："君子讲究和谐，纠正别人错误的意见，而不盲目附和跟从；小人盲从，却不肯表示自己的意见。"

三、情声气结合训练

《博物馆奇妙夜3》片段

儿子：其实我真的可以一个人待在纽约的。

爸爸：是啊，不过这不可能。这儿很美啊。

儿子：是啊。

爸爸：泰晤士河，是不是很酷？你和我在伦敦，我考虑了一下你说的，缓一年。

儿子：怎么？

爸爸：我觉得挺好的。

儿子：是吗？

爸爸：是啊。你有什么打算？

儿子：嗯。这个嘛……我想去伊比萨做DJ。

爸爸：伊比萨？

儿子：伊比萨，它是西班牙的一个小岛。

爸爸：你会西班牙语？

儿子：不会。

爸爸：好吧。

儿子：可妙就妙在这儿，我是玩儿音乐，音乐是不受语言障碍限制的。

爸爸：可你受限制，难道你靠打节拍说话？

儿子：老爸，你干吗退缩了。你刚才还说这主意不错的。

爸爸：我可没往回缩。我是想知道你怎么打算的。

儿子：你也没上过大学。

爸爸：等等，你的意思是干脆不上大学了？

儿子：也许吧。

爸爸：尼克。

儿子：我不知道。

爸爸：尼克，这可不行。

儿子：怎么了，老爸，你也没上过大学，你现在不是挺好的嘛。

爸爸：我现在还行，代价是20年走了无数死胡同。

儿子：算了，随便吧，不用你为我操心，没事的。

爸爸：嘿，我会一直为你操心，我是你老爸。懂吗？

儿子：谢谢。

训练提示

《博物馆奇妙夜3》是电影《博物馆奇妙夜》系列奇幻喜剧电影最终集，影片讲述赖瑞带着他的纽约自然历史博物馆的馆藏朋友踏上前往伦敦大英博物馆的旅程。本课选取的是赖瑞和叛逆儿子之间的对话。配音的时候，同学们要把握叛逆期孩子的心理特征，以及爸爸对孩子的担心和爱。

第十一课

一、即兴口语

训练内容

介绍一首歌曲——《送别》

训练提示

《送别》曲调取自约翰·庞德·奥特威作曲的美国歌曲《梦见家和母亲》。《梦见家和母亲》是首"艺人歌曲",这种歌曲19世纪后期盛行于美国,由涂黑了脸扮演黑人的白人演员领唱,音乐也仿照黑人歌曲的格调创作而成。

李叔同在日本留学时,日本歌词作家犬童球溪采用《梦见家和母亲》的旋律填写了一首名为《旅愁》的歌词。而李叔同作的《送别》,则取调于犬童球溪的《旅愁》。

二、语音训练

训练内容

强控制练习

气要吸得深并保持一定量,呼气要均匀、通畅、灵活。体会膈肌和腹肌的作用,发声的时候气息应该是下沉的。

①用京剧老生笑的感觉，吸气后发"hà—hà—hà—hà"，体会气沉。

②反复弹发"hèi—hà—hòu"，体会膈肌和腹肌的作用。

③发"pēng—pā—pī—pū—pāi"，体会气上下贯通，力度加强。

从军行七首·其四

〔唐〕王昌龄

青海长云暗雪山，孤城遥望玉门关。

黄沙百战穿金甲，不破楼兰终不还。

塞下曲六首·其一

〔唐〕李　白

五月天山雪，无花只有寒。

笛中闻折柳，春色未曾看。

晓战随金鼓，宵眠抱玉鞍。

愿将腰下剑，直为斩楼兰。

破阵子·为陈同甫赋壮词以寄

〔宋〕辛弃疾

醉里挑灯看剑，梦回吹角连营。八百里分麾下炙，五十弦翻塞外声。沙场秋点兵。

马作的卢飞快，弓如霹雳弦惊。了却君王天下事，赢得生前身后名。可怜白发生。

念奴娇·赤壁怀古

〔宋〕苏轼

大江东去，浪淘尽，千古风流人物。故垒西边，人道是，三国周郎赤壁。

乱石穿空，惊涛拍岸，卷起千堆雪。江山如画，一时多少豪杰。

遥想公瑾当年，小乔初嫁了，雄姿英发。羽扇纶巾，谈笑间，樯橹灰飞烟灭。故国神游，多情应笑我，早生华发。人生如梦，一尊还酹江月。

训练提示

在练习时需要注意气息的支持力度应有相应的变化。

朗读练习

子曰:"苟正其身矣,于从政乎何有。不能正其身,如正人何。"

【注释】苟:如果。 正:动词,使……端正。

【大意】孔子说:"如果端正自己的品行了,从事政务还有什么困难呢?如果不能端正自身品行,怎么去纠正别人呢?"

子曰:"其身正,不令而行;其身不正,虽令不从。"

【大意】孔子说:"统治者自己的品行端正,不用发布命令,百姓也会去照着做;统治者自己的品行不端正,即使发布命令,百姓也不会服从。"

三、情声气结合训练

训练内容

《天生一对》片段

荷莉:就是这儿,同普罗克街7号。

荷莉:(推开门)有人吗?

荷莉：外公！

外公：哦……啊！

荷莉：我回来啦！

外公：这是我的小外孙女吗？那个又高又瘦的小家伙。

荷莉：对，是我。

外公：哦，你可算回来了，玩儿得开心吗？孩子。

荷莉：开心极了！

外公：你干什么？

荷莉：闻一闻。

外公：闻一闻？

荷莉：想把这一刻记住。过几年等我长大了，我会永远记得外公，记得他身上的那股薄荷油和烟草味儿。

外公：哈哈，你回来了真好。

妈妈：安妮……安妮……

荷莉：妈妈。

妈妈：你回来啦？

荷莉：我不敢相信是你！

妈妈：我也不敢相

信眼前的就是你,头发还剪短了,谁给你剪的?

荷莉:夏令营的朋友,你不喜欢?

妈妈:不,非常喜欢。哦!你扎了耳洞。还有什么让我们吃惊的吗?肚脐环、纹身什么的?啊。宝贝儿,怎么了?

荷莉:对不起,是因为,因为我实在太想你了。

妈妈:我知道,好像隔了一辈子没见似的。

荷莉:一点儿都不夸张。

训练提示

《天生一对》是美国家庭喜剧电影,根据伊利奇·卡斯特纳《两个小洛特》改编。影片讲述了一对素未谋面的双胞胎姐妹安妮和荷莉,通过努力,让自己离异的爸爸妈妈复合并全家人再次团聚在一起的故事。本课的配音片段发生在安妮和荷莉交换身份后,荷莉见到妈妈和外公非常激动和开心。同学们在配音的时候要把握关键的几句话,比如"我实在太想你了""一点儿都不夸张",这几句话表达了荷莉长大后初次见到妈妈的激动心情。同学们要运用有声语言的技巧,用不同的声音演绎不同的角色。

第十二课

一、即兴口语

训练内容

介绍一首歌曲——《一个像夏天一个像秋天》

训练提示

《一个像夏天一个像秋天》是中国台湾女歌手范玮琪演唱的，由姚若龙作词，陈小霞作曲。歌曲内容是歌颂朋友情谊的。推荐这首歌曲的时候，同学们可以从这几方面考虑：这首歌曲的旋律是什么样的？歌词中哪里打动了你？你从这首歌里获得了什么启迪？你的生活是不是和这首歌发生过关联？可以顺带讲讲你和朋友的故事。口语表达方面要求普通话标准，力求简洁、重点突出。

二、语音训练

弱控制练习

①吸气深呼气要匀。缓慢持续地发出 ai、uai、uang、iang 四个音。

②夸大声调，延长发音，控制气息。发音时，声母和韵母之间的气息拉长，要均匀、不断气。

huā hóng liǔ lǜ　　wǔ cǎi bīn fēn
花 红 柳 绿　　五 彩 缤 纷

③控制气息，扩展音域。

> ### 静夜思
>
> 〔唐〕李白
>
> 床前明月光，疑是地上霜。
> 举头望明月，低头思故乡。

春　晓

〔唐〕孟浩然

春眠不觉晓，处处闻啼鸟。

夜来风雨声，花落知多少。

竹里馆

〔唐〕王维

独坐幽篁里，弹琴复长啸。

深林人不知，明月来相照。

浣溪沙

〔宋〕李清照

淡荡春光寒食天，玉炉沈水袅残烟，梦回山枕隐花钿。

海燕未来人斗草，江梅已过柳生绵，黄昏疏雨湿秋千。

训练提示

单纯的语音、气息训练效果并不好，需要大家在实际朗读过程中不断体会、运用。

朗读练习

子贡问友，子曰："忠告而善道之，不可则止，毋自辱焉。"

【注释】道：开导，引导。

【大意】子贡问对待朋友的方法。孔子说："忠心地劝告他，委婉地开导他，他不听从就算了，不要自找侮辱。"

子路问政，子曰："先之劳之。"请益，曰："无倦。"

【注释】先之：指身体力行，以身作则，带头做。

【大意】子路问怎样为政。孔子说："自己先带头去干，再让百姓勤劳地工作。"子路请求孔子多讲一点。孔子说："不要倦怠。"

子曰："论笃是与。君子者乎？色庄者乎？"

【注释】论笃是与："是与论笃"的倒装形式。

【大意】孔子说："人们总是赞许言论笃实的人，但要分清是真正的君子，还是装作神色庄重的人呢？"

第六级 第十二课

三、情声气结合训练

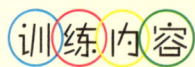

《宝葫芦的秘密》片段

葫芦：扔得真准啊！

王葆：啊，你，你是什么鬼东西啊？

葫芦：鬼东西？我可是个宝贝啊。我姓宝，叫宝葫芦。哎，你奶奶不是经常讲我的故事吗？

王葆：宝葫芦？

葫芦：啊！

王葆：难道你就是奶奶说的那个宝葫芦？

葫芦：对呀，没错。这次算你走运，我可是来帮你的呀。

王葆：你为什么要来帮我啊？

葫芦：因为你干什么都不想费劲啊。我就是来特别替你费劲的，我来帮你。你不需要努力也可以变得天下无敌。

王葆：如果你真的是宝葫芦的话，那我想要什么就有什么啰？

葫芦：对呀，只要你脑子里想要什么，我就能变什么给你。不信，你可以试一试嘛！

王葆：嗯？我想要鱼。

葫芦：哦，小菜一碟儿呀，太容易了。

王葆：鱼呢？骗人！

葫芦：嘿！等等，怎么能说变就变呢？嘿嘿，你和我的关系还没确认呢呀？

王葆：确认关系呀？

葫芦：啊！

王葆：你说什么啊？什么关系啊？

葫芦：哎，慢点儿。你看啊，你要我帮你，你就要发誓保守秘密，千万不能对任何人说起我。世界上只有你一个人知道我的存在。要是这个秘密让别人知道了，那我宝葫芦就完蛋了。办得到，我就帮你；办不到，我就另外找别的主人。

王葆：我办得到，我保证保守你的秘密。

葫芦：好！从现在开始，你就是我的主人啦！注意啦，宝葫芦，葫芦宝，葫芦浑身都是宝。金鱼鲤鱼黄花鱼，愿望成真真奇妙。我变，我变，我变、变、变、变、变！

王葆：哇！

葫芦：怎么样？小主人？都来了，厉害吧，主人？生猛海鲜，随便看，随便挑。

训练提示

《宝葫芦的秘密》改编自中国儿童文学作家张天翼的同名作品。影片讲述了小学生王葆在一只能实现任何愿望的宝葫芦的帮助下获得成功后，最终明白想要获得成功和别人的认可，只有通过自身努力的故事。这个配音片段讲的是王葆小朋友初次遇到宝葫芦时所发生的奇妙故事。电影中宝葫芦是由陈佩斯老师配音的，同学们可以学习一下他幽默诙谐、让人忍俊不禁的语调。

测评内容与要求

播音主持四级测评

【内容与要求】

1. 播放指定的音乐曲目，伴随音乐，考生用体态语言表现相应节奏。

要求：能准确理解节奏、感受节奏，表情、肢体动作具有节奏的表现力。

2. 指定朗读《论语》片段，并结合生活实例谈谈自己的理解，限时2分钟。

要求：体态自信舒展，语言清晰畅达。

3. 自选朗诵训练中的一则诗歌或散文片段进行朗诵。

要求：感受真切，有感染力、表现力，体态自然大方。

播音主持五级测评

【内容与要求】

1. 根据指定的快板片段，考生表演快板。

要求：快板节奏鲜明，语言准确、清晰、流畅，声情并茂。

2. 指定朗读《论语》片段，并结合生活实例谈谈自己的理解，限时2分钟。

要求：体态自信舒展，语言清晰畅达。

3. 自选一篇影视台词片段进行演播。

要求：感受真切，旁白与对话转换自然、贴切，角色表现力强，体态自然大方。

播音主持六级测评

【内容与要求】

1. 指定介绍一本书，或一部电影，或一首歌。

要求：能与考官即兴互动，语言表达清晰、有条理、有吸引力。

2. 指定朗读《论语》片段。结合生活实例谈谈自己的理解，限时2分钟。

要求：体态自信舒展，语言清晰畅达。

3. 自选一篇影视配音台词，或经典小说片段进行演播。

要求：感受真切，角色关系清晰且转换自然，角色表现力强，体态自然大方。

后 记

人类的每一次进步，都离不开语言开路。近年来，教育部力推素质教育，改进美育教学，在中小学语文教材中增加了朗读和理解课文内容的练习，这是贯彻落实党的教育方针的重要措施。

中央电视台《朗读者》《开讲了》等语言类节目的热播也助推了社会对朗读和演讲的关注度的提高，越来越多的家庭开始重视孩子语言表达能力的培养和塑造。好口才成就好未来，"青少年语言表演艺术"丛书可以说是应运而生。这套丛书包含播音主持和朗诵表演两个系列，每个系列5本书。

丛书编写和出版过程得到了中国传媒大学出版社、中国传媒大学远程与继续教育学部的支持和帮助，感谢辛苦付出的同仁朋友们。

感谢本套丛书编写者。播音主持系列：1—3级由胡铖铖编写，4—6级由韩杰编写，7—8级由韩杰编写，第9级由李金泽编写，第10级由牟茗涵编写。朗诵表演系列：1—3级由范晨晨编写，4—6级由牟茗涵编写，7—8级由迟茜编写，第9级、第10级由王新宇编写。

在丛书编写过程中，由于条件所限，书中部分所选作品和图片，未能直接与相关作者取得联系。如有作者在本书中发现自己的作品，请与我们联系。我们的联系方式是：yuyanbyys@163.com，我们将按照著作权相关规定支付稿酬。

图书在版编目(CIP)数据

青少年语言表演艺术播音主持系列 4-6 级 / 全国青少年语言表演艺术测评中心编. -- 北京：中国传媒大学出版社,2018.5(2020.10重印)

(青少年语言表演艺术丛书)

ISBN 978-7-5657-2210-3

Ⅰ.①青… Ⅱ.①全… Ⅲ.①播音—语言艺术—教材 ②主持人—语言艺术—教材 Ⅳ.①G222.2

中国版本图书馆 CIP 数据核字（2018）第 026000 号

青少年语言表演艺术播音主持系列 4-6 级

QINGSHAONIAN YUYAN BIAOYAN YISHU BOYIN ZHUCHI XILIE 4-6 JI

编　　者	全国青少年语言表演艺术测评中心
丛书策划	王雁来
责任编辑	王雁来　吴　磊
责任印制	李志鹏
封扉设计	王淑君

出版发行	中国传媒大学出版社
社　　址	北京市朝阳区定福庄东街 1 号　邮编:100024
电　　话	86-10-65450528　65450532　传真:65779405
网　　址	http://cucp.cuc.edu.cn
经　　销	全国新华书店
印　　刷	北京中科印刷有限公司
开　　本	787mm×1092mm　1/16
印　　张	14.5
字　　数	162 千字
版　　次	2018 年 5 月第 1 版
印　　次	2020 年 10 月第 3 次印刷
书　　号	ISBN 978-7-5657-2210-3/G·2210　定　价　65.00 元

版权所有　　翻印必究　　印装错误　　负责调换

绿色印刷 保护环境 爱护健康

亲爱的读者朋友：

　　本书已入选"北京市绿色印刷工程——优秀出版物绿色印刷示范项目"。它采用绿色印刷标准印制，在封底印有"绿色印刷产品"标志。

　　按照国家环境标准（HJ2503-2011）《环境标志产品技术要求 印刷 第一部分：平版印刷》，本书选用环保型纸张、油墨、胶水等原辅材料，生产过程注重节能减排，印刷产品符合人体健康要求。

　　选择绿色印刷图书，畅享环保健康阅读！

北京市绿色印刷工程